Power-Nahrung fürs Gehirn

Gudrun Dalla Via

Power-Nahrung fürs Gehirn

Tips und Rezepte

vgs

Mein besonderer Dank
gilt Clemens Jäger
für seine fachliche Unterstützung

Die Vorschläge in diesem Buch sind von Autorin und Verlag nach bestem Wissen und Gewissen sorgfältig erwogen und geprüft, die Informationen stellen aber keinen Ersatz für medizinische Betreuung jeglicher Art dar. Autorin und Verlag sowie ihre Beauftragten übernehmen keine Haftung für etwaige Personen-, Sach- und Vermögensschäden, die sich aus dem Gebrauch oder Mißbrauch der in diesem Buch dargestellten Methoden ergeben.

Die Deutsche Bibliothek-CIP-Einheitsaufnahme

Gudrun Dalla Via:
Power-Nahrung fürs Gehirn:Tips und Rezepte/
Gudrun Dalla Via. -Köln vgs, 1996
ISBN 3-8025-1311-8

Redaktion: Martina Weihe-Reckewitz
Lektorat: Susanne Breuer
Gesamtgestaltung und Satz: Christa Kochinke, Köln
Produktion: Ilse Rader
Druck: Universitätsdruckerei H. Stürtz, Würzburg
Printed in Germany
ISBN 3-8025-1311-8

Inhalt

3. Teil: Was wann wie und warum

4. Teil: Rezepte und Menüvorschläge

Vorwort

Unsere geistige Leistungsfähigkeit, also die Arbeit der Gehirn-»muskeln«, über die Ernährung gezielt beeinflussen – ein Thema, das für fast alle Menschen interessant ist und das ausnahmslos alle Altersgruppen betrifft. Sozusagen von Kindesbeinen an ist die Nahrung für das Gehirn bestimmend, denn seine Entwicklung wird schon im Mutterleib nicht unbeträchtlich durch die Nährstoffzufuhr über die Nabelschnur und später durch die Ernährung in den ersten Lebensjahren beeinflußt.

Ob Kinder in der Schule aufmerksam oder leicht abzulenken sind, ob ihr Gedächtnis aufnahmefähig ist oder nicht und ob das Erlernte mit Leichtigkeit wieder abgerufen werden kann, das alles ist nicht zuletzt abhängig von der Verfügbarkeit der Neurotransmitter, die das Gehirn aus den vielfältigen Stoffwechselprozessen über den Blutstrom erreichen. Unser Verhalten, das letztendlich auch die Leistungsfähigkeit beeinflußt, wird maßgeblich durch einige Stoffe bestimmt, die das Gehirn aus der Nahrung erhält. Auch unsere Stimmungslagen, gute wie schlechte, Depressionen, Angstgefühle, Apathie, Nervosität oder Aggressivität können durch bestimmte Inhaltsstoffe der Nahrung verstärkt oder gemildert werden. Und auch im Erwachsenenalter sind Gedächtnis und Konzentrationsfähigkeit abhängig von den notwendigen Nährstoffen, die Sie brauchen, um die allgemeine Fitneß zu erhalten, leistungsfähig zu sein im Berufsleben und im Sport, und um Alterserscheinungen so lange wie möglich hinauszuschieben.

Wir nutzen normalerweise nur ein Zehntel bis höchstens ein Viertel unserer Gehirnkapazität tatsächlich aus. Im Kontrast dazu beansprucht unser Gehirn aber 20 Prozent der gesamten Nahrungsenergie, die wir zu uns nehmen. Neurotransmitter und andere für die Hirnleistung notwendige Stoffe werden direkt oder indirekt durch die Nahrung geliefert. Läßt das nicht auf ungeahnte Möglichkeiten schließen, unsere Gehirnleistung und unsere Lebensqualität insgesamt zu verbessern, noch dazu auf verhältnismäßig einfache und wohlschmeckende Art und Weise?

Hintergrundinformationen, Ansatzpunkte, Tips und Tricks für diese Möglichkeiten gibt Ihnen dieses Buch. Im ersten Teil finden Sie eine kurze Einführung über das Gehirn und seine Funktionen mit einem Ausflug in die Welt der Neurotransmitter. Im folgenden Teil werden alle Nährstoffe und Nahrungsmittel untersucht, die unsere Gehirnleistung direkt oder indirekt beeinflussen. Was sonst noch von Bedeutung sein kann in besonderen Lebenssituationen wie bei Gewichtsproblemen, Eßstörungen, auf Reisen, bei Allergien, Lebensmittelunverträglichkeiten oder Arzneimittelkonsum usw. erfahren Sie im dritten Teil. Der vierte und letzte Teil ist der Praxis gewidmet: Für viele Lebenslagen und auch für den ganz normalen Tagesablauf finden Sie eine Reihe von Anregungen, Menüvorschlägen und Rezepten, die Sie natürlich nach Herzenslust erweitern und verändern können und sollten.

Viel Spaß dabei, einen klaren Kopf und guten Appetit!

Erster Teil:

Wie arbeitet unser Gehirn?

Etwas ganz Besonderes – das Gehirn

Auf unser Gehirn sind wir normalerweise recht stolz; wir betrachten es sozusagen als den wichtigsten Teil unseres Körpers. Obwohl man bis vor nicht allzu langer Zeit eigentlich recht wenig über die Hirnfunktionen wußte, so hat man doch schon immer geahnt, daß fast alle lebenswichtigen Abläufe vom Kopf, genauer gesagt vom Gehirn, gesteuert werden. Auch heute stecken unsere diesbezüglichen Kenntnisse wohl noch in den Kinderschuhen, aber dennoch können wir das Gehirn als eine Art Steuerzentrale unseres Körpers ansehen, die direkt oder indirekt allen unseren Tätigkeiten und Untätigkeiten vorsteht: vom Gehen, Laufen, Hüpfen und Klettern über die Steuerung von Schlaf-Wach-Rhythmus, Appetit und Laune bis hin zu Gedächtnis, Gedanken, Geistesblitzen und noch vieles andere mehr. Eine ganz besondere Abteilung unseres Körpers also, aber nicht nur wegen ihrer vielfältigen Aufgaben, sondern auch weil sie sich in Aufbau und Funktion beträchtlich von den anderen Organen des Körpers unterscheidet.

Einige Kuriositäten rund ums Gehirn

Alle Zellen unseres Körpers werden mehr oder weniger häufig und regelmäßig durch neue ersetzt. Nur die Gehirnzellen bilden eine Ausnahme: Die Nervenzellen, über die wir bei der Geburt verfügen, sind nicht nur vom Erneuerungsprozeß ausgeschlossen, sondern ihre Zahl beginnt sich sogar zu verringern, sobald wir das Erwachsenenalter erreichen. Schon mit etwa 20 Jahren beginnen wir, etwas von unserer Mitgift von wahrscheinlich 100 Milliarden Nervenzellen (Neuronen) zu verlieren. Nach Ablauf eines halben Jahrhunderts, das heißt wenn wir ungefähr 70 sind, bleiben noch ungefähr 60 Prozent der ursprünglichen Anzahl übrig.

Das Gehirn eines erwachsenen Menschen wiegt im Schnitt etwa 1370 Gramm, mit Schwankungen um 500 Gramm je nach Körperbau, Geschlecht usw. Doch besteht offensichtlich kein Zusammenhang zwischen Intelligenz und Hirngewicht, was man unter anderem durch Untersuchungen zum Gehirngewicht bei bedeutenden Genies feststellte, deren Gehirn gelegentlich schwerer, aber oft auch leichter als der Durchschnitt war.

Bei der Geburt bringt das menschliche Gehirn etwa ein Fünftel seines endgültigen Gewichtes auf die Waage, die Neuronen

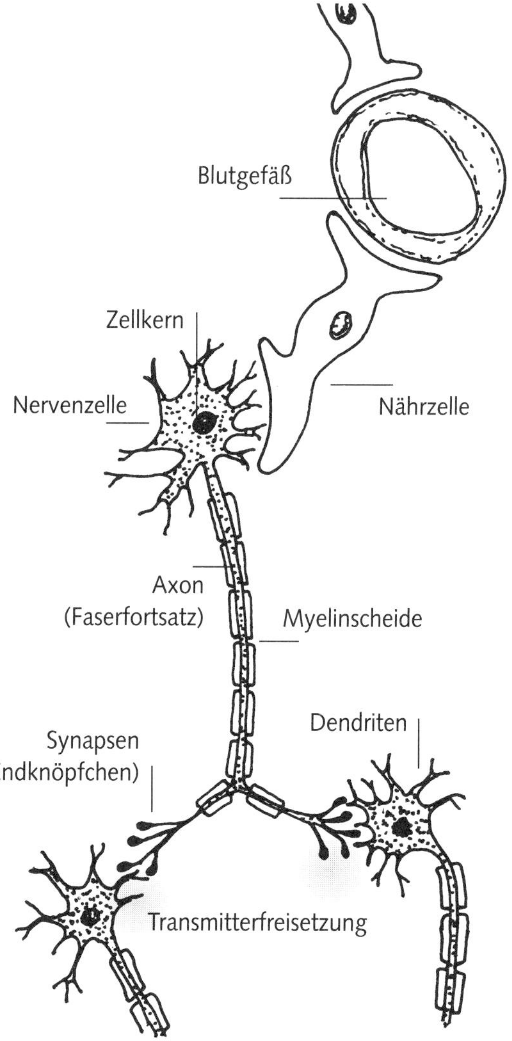

Die Neurotransmitter gelangen über das Blut ins Gehirn und über Nährzellen in die einzelnen Nervenzellen. Die Transmitterfreisetzung an den Endknöpfchen der Synapsen ist ein Signal für die benachbarte Nervenzelle.

sind dann schon vollzählig vorhanden. Die anschließende Gewichtszunahme ist auf die Zunahme von Nähr- und Stützzellen, schützenden Myelinscheiden und die fortschreitende Verknüpfung der Nervenzellen untereinander, also das Wachstum von Verbindungen in Form von Axonen, Dendriten und Synapsen zurückzuführen.

Das Gehirn repräsentiert etwa 90 Prozent des Gewichts des gesamten Nervensystems, dem es ja vorsteht. Beim erwachsenen Menschen nimmt das Nervensystem einschließlich des Gehirns nur etwa zwei bis drei Prozent des gesamten Körpergewichts ein. Aber sein Energie- und Nährstoffbedarf beträgt fast 20 Prozent der gesamten Nahrungszufuhr! Schon daraus können wir ableiten, daß jegliche Fehl- oder Mangelernährung sich vor allem auch beim Gehirn negativ bemerkbar macht.

Wir können anatomisch und funktionell verschiedene Bereiche des Gehirns unterscheiden. Da ist zunächst der älteste Teil, der sogenannte Hirnstamm, der unser Verhalten bezüglich Nahrungsaufnahme und Fortpflanzung bestimmt. Anderen Teilen, zum Beispiel unserer entwicklungsgeschichtlich jungen Hirnrinde, fallen »neue« Errungenschaften wie unser enormes Assoziationsvermögen zu. Die Grundfunktionen, die zur Aufrechterhaltung des Lebens notwendig sind, »belegen« nur ungefähr ein Prozent des Gesamtvolumens im Gehirn. Und dabei nutzen wir höchstens ein Viertel, in der Regel sogar nur ein Zehntel unserer Gehirnkapazität aus. Wohin könnte uns die Nutzung auch unserer schlummernden Möglichkeiten wohl führen?

Das Gehirn ist in zwei Halbseiten, die sogenannten Hemisphären, geteilt. Die linke steuert im allgemeinen die rechte Körperseite. Die Regionen für das Sprachvermögen, die Verarbeitung von logisch-analytischen und rationalen Gedanken sind hier besonders ausgeprägt. Die rechte Hemisphäre kontrolliert stärker die linke Körperhälfte. Hier liegen unter anderem die musikalischen und künstlerischen Fähigkeiten, das Vermögen, komplexe Muster zu erkennen und Gemütsregungen zu äußern und wahrzunehmen.

Der Intelligenzquotient

Es gibt zahlreiche Tests, die den Grad und die Art von Intelligenz eines Menschen festzustellen versuchen. Wer möchte wohl nicht mit der höchsten Punktzahl abschneiden? Die Wissenschaftler debattieren angeregt über unsere Intelligenz, ihren Ursprung und ihre Bestandteile, und fragen sich, inwieweit sie angeboren ist oder im Laufe des Lebens erworben wird, oder besser gesagt: welche Bedeutung den verschiedenen Faktoren, der Vererbung und den äußeren Einflüssen wie

Umwelt, Ausbildung und Training zukommen. Untersuchungen hierzu haben ergeben, daß zweifellos beide Faktoren bedeutsam für die Entwicklung und die Funktion des Gehirns sind. Die Ernährung als Funktionsgrundlage hat sowohl Einfluß auf angeborene wie auch erlernte Anteile der Gehirntätigkeit.

Wenn Computer auch eine äußerst kümmerliche Kopie unseres Gehirns sind, so können wir sie doch als Beispiel heranziehen, um die Arbeit dieses komplexen Organs besser zu verstehen. Die große Anzahl von Nervenzellen im Gehirn können wir mit den Bits und Bytes der Rechner vergleichen, sie entsprechen dem »Gedächtnis« bzw. dem Speicher, der einem Computerprogramm zur Verfügung steht. Um einen bestimmten Arbeitsschritt ausführen zu können, müssen die Steuerbefehle schnell und präzise weitergeleitet werden. Voraussetzung dafür sind viele verschiedene Verknüpfungen zwischen den einzelnen Recheneinheiten, sprich: Nervenzellen.

Die Synapsen

Im Gehirn wird diese Funktion der Verbindung oder Brücke von den Synapsen übernommen (griech. *synapsis* für Verbindung). Theoretisch kann jedes Neuron mit allen anderen Neuronen in Verbindung treten über verschiedene synaptische Verknüpfungen, wodurch sich unendlich viele Kombinationsmöglichkeiten ergeben. Die Informationsweiterleitung erfolgt nicht mechanisch wie bei einer Schreibmaschine und auch nicht elektronisch wie beim Rechner, sondern auf elektrischem und biochemischem Weg.

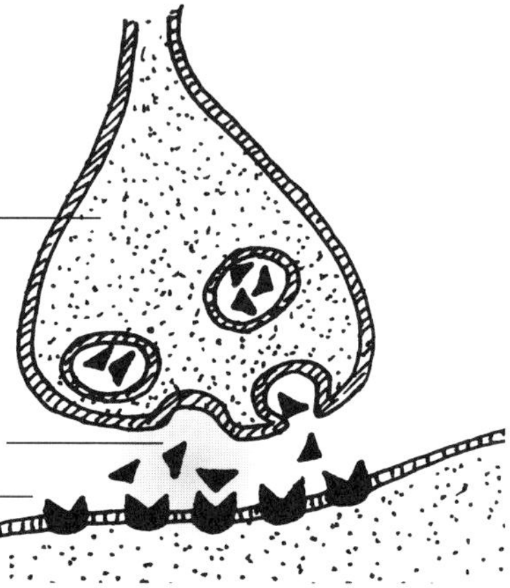

An den Endknöpfchen der Synapsen werden die Neurotransmitter freigesetzt und an speziellen Rezeptormolekülen der Nachbarzelle empfangen.

Die Neurotransmitter

Die biochemische Weitergabe von Informationen erfordert das Vorhandensein von bestimmten Informationsträgern, den sogenannten Neurotransmittern, die die Funktion von »Postboten« übernehmen. Einige dieser Transmitter sind inzwischen bekannt: Acetylcholin, Adrenalin und Noradrenalin, Dopamin, Serotonin, Katecholamin, Hist-

amin, Glycin, Gamma-Aminobuttersäure (GABA), Norepinefrin, verschiedene Neuropeptide. Die Neurotransmitter werden vom Organismus aus Vorläufersubstanzen, d. h. aus chemisch verwandten Stoffen hergestellt, die ganz oder in Bestandteilen in der Nahrung enthalten sind. Daraus ergibt sich logischerweise, daß eine hinreichende Versorgung, sprich: gesunde Ernährung, die Voraussetzung ist, um eine gute Funktion des Gehirns sicherzustellen. Wenn auch mit zunehmendem Alter die Anzahl der Neuronen sinkt, so muß deswegen die geistige Leistung nicht zwangsläufig auch abnehmen. Es handelt sich eher um eine veränderte Funktion und Qualität der Gehirnleistung. Die Nervenzellen können durchaus »lernen«, ihr Zusammenspiel ständig zu verbessern, sich zu spezialisieren, immer präziser über ihre Verknüpfungen zu arbeiten und dabei auch die Funktion verlorener Zellen mitzuübernehmen.

Essen fürs Gehirn?

Wie wichtig die richtige Ernährung für das Gehirn ist, haben zahlreiche Untersuchungen auf diesem Gebiet ergeben. So stellte man fest, daß Fehlernährung und Unterversorgung in der frühen Kindheit die Hirnentwicklung sogar unheilbar beeinträchtigen können. Und auch im Erwachsenenalter können Ernährungsprobleme, die mit einer unzureichenden Aufnahme von essentiellen Nährstoffen (die der Körper nicht selbst herstellen kann) einhergehen, die Hirnfunktionen beeinträchtigen, die geistige Leistung spürbar mindern und womöglich nicht wiedergutzumachende Schäden hervorrufen. Von einem »wohlgenährten« Hirn hingegen darf man eine hohe Konzentration und ein gutes Gedächtnis (über kurze wie über längere Zeiträume), Vitalität, eine schnelle Auffassungsgabe, besseres Verstehen und Assoziieren sowie eine geringere Neigung zu negativen Stimmungen, depressiven Krisen, Angstgefühlen und dergleichen erwarten.

Es gibt keine »Wunderspeisen« oder Substanzen, die man – womöglich in Form von ein paar Pillen pro Tag – nur zu schlucken braucht, um sogleich intelligenter zu werden oder das Leben besser zu meistern. Allerdings kann man sehr viel tun, um den Körper, einschließlich des Gehirns, aufs beste zu ernähren, indem man für die richtige Menge »Brennstoff« sorgt, von bester Qualität und genau dann, wenn er am dringendsten benötigt wird. In diesem Zusammenhang ist es natürlich wichtig, die spezifische Wirkung einiger Nährstoffe (und nicht zuletzt von Würz- und Heilkräutern) kennenzulernen und all ihre Möglichkeiten auszuschöpfen, ihre kräftigende und anre-

gende oder beruhigende und stimmungshebende oder wahrnehmungsfördernde Wirkung auszunutzen.

Voraussetzung: Eine gute Gesundheit

Zahlreiche Gesundheitsprobleme haben einen mehr oder weniger deutlichen Einfluß auf die Funktion unseres Gehirns und folglich auf unsere intellektuellen Fähigkeiten. Denken wir nur einmal an Schlaflosigkeit, die unsere Reflexe verlangsamt und uns den Tag über »matt« werden läßt; oder an Depressionen, die negativ auf unser körperliches und geistiges Tun einwirken; oder an Angstgefühle, die unsere Entscheidungsfähigkeit blockieren und die Risikoeinschätzung mindern können. Auch Hyperglykämie und Hypoglykämie, d. h. ein zu hoher (über 200 mg/dl) bzw. zu niedriger (unter 50 mg/dl) Blutzuckerspiegel wie bei Diabetikern, kann leicht Pannen beim Denkvermögen verursachen, was entsprechend auch für ausgeprägt hohen oder niedrigen Blutdruck gilt. Körperliche Schmerzen können genauso eine erhebliche Beeinträchtigung darstellen. Und schließlich können viele Arzneimittel die Konzentrationsfähigkeit deutlich vermindern und ihre Wechselwirkung mit verschiedenen Nahrungsinhaltsstoffen kann nachhaltig sein (siehe Seite 77).

Was kann man tun?

Um das Gehirn in seiner Tätigkeit zu unterstützen, müssen wir zweierlei berücksichtigen: Erstens müssen wir unser Gehirn ausreichend *mit Energie versorgen*, wie man etwa den Motor eines Autos mit Benzin versorgt. Zweitens müssen dabei die notwendigen *Vorläufersubstanzen* für die Bildung der Neurotransmitter bereitgestellt werden, die als Befehlsübermittler dienen wie etwa die Elektroanlage eines Autos: Ohne den zündenden Funken springt der Motor nicht an, die Scheinwerfer und die Blinker leuchten nicht auf, weder Klimaanlage noch Radio funktionieren.

Man unterscheidet bei der Nahrungszusammensetzung die Grundnährstoffe Proteine (Eiweiße), Kohlenhydrate und Fette (Lipide). Hinzu kommen Vitamine, Mineralstoffe wie Calcium und Spurenelemente wie Eisen, die – obschon nur in kleinen Mengen – lebenswichtig sind. Um eine gute Funktion des Gehirns sicherzustellen, benötigen wir Anteile von allen Nährstoffkategorien, ohne Ausnahme, auch wenn das Gehirn nicht jede Substanz unmittelbar, so doch mittelbar über Stoffwechselprozesse nutzt.

Die Neurotransmitter

Die Neurotransmitter sind erst vor nicht allzulanger Zeit entdeckt worden, und jedes Jahr werden neue Forschungen über dieses Thema veröffentlicht. Als erster wurde in den 20er Jahren von den Pharmakologen Loewi und Dale das Acetylcholin als Überträgersubstanz des Nervensystems entdeckt. Seither sind etwa 40 Neurotransmitter bekannt geworden, von denen einige direkt von Substanzen aus der Nahrung stammen, also eine unmittelbare Wirkung auf die Gehirnfunktionen haben.

Manche Menschen sollten auf diesen Zusammenhang besonders achten, denn der Bedarf an solchen Transmitter-Nährstoffen kann im Einzelfall überdurchschnittlich hoch sein: So zum Beispiel im Alter, wenn die Anzahl der Synapsen bereits abnimmt, oder in der Jugend, wenn Entwicklungsschübe eine besonders gute Nährstoffversorgung erfordern, oder auch bei bestimmten Krankheiten und in Streßperioden.

Bevor wir uns in die faszinierende Welt der Neurotransmitter vorwagen, die als unser »Nachrichtensystem« fungieren, ist eine Erläuterung vorab notwendig: Zwischen Nervenzellen und den verschiedenen Neurotransmittern mit ihren Vorläufersubstanzen besteht ein kompliziertes Geflecht von Kontakten, das auf Bestätigung, Verstärkung oder Hemmung bei der Weiterleitung von Impulsen beruht. Daraus kann sich ergeben, daß zum Beispiel eine Aminosäure, die eigentlich eine unerwünschte Wirkung auf das Gehirn hat und die man folglich lieber aus dem geplanten Menü weglassen würde, unbedingt notwendig ist für eine vollständige und wirkungsvolle Zusammensetzung des Nährstoffcocktails, der dem Gehirn erst ermöglicht, die Wirkung eines ganz anderen Neurotransmitters auszunutzen. Die selbstregulierenden Mechanismen des Gehirns arbeiten mit einer Art negativen Rückkopplung, die Überschüsse blockiert und die Nutzung der am dringendsten benötigten Substanzen fördert. Scheinbare Widersprüche, die sich bei den Ernährungstips im folgenden zeigen könnten, ergeben sich aus dem komplizierten Zusammenspiel der Gehirnfunktionen.

Serotonin, das Glückshormon

Serotonin ist ein Neurotransmitter, obwohl es meist als »Glückshormon« bezeichnet wird. Diese landläufige Benennung ist nicht ganz falsch, denn Neurotransmitter können gewisse Ähnlichkeiten in Aufbau und Funktion mit Hormonen haben oder fungieren sogar sowohl als Transmitter im Nerven-

system als auch als Hormon (z. B. Noradrenalin). Auch Serotonin zeigt einige Wirkungen, die man in der Regel von Hormonen erwartet: Es vermittelt das Gefühl von Wohlbefinden und angenehmer Sättigung, wirkt schlaffördend und unterstützt auch die Tiefschlafphase, aktiviert Encephaline und Endorphine, die unter anderem die Schwelle der Schmerzempfindlichkeit senken und zum Beispiel bei Migräne hilfreich sein können. Auch bei der Überwindung von leichten Angstgefühlen, depressiven Stimmungen oder nervösen Erregungen kann Serotonin hilfreich sein. In manchen Kliniken wird es tatsächlich gegen Depression und Schlaflosigkeit eingesetzt. Übermäßiges Verlangen nach Süßigkeiten oder auch Rauchen, Alkohol oder Drogen kann durch Serotonin gemildert werden. Durch diese ausgleichende Wirkung wird der Umgang mit Menschen erleichtert, Arbeit im Team, verwandtschaftliche Beziehungen oder schlichte Geselligkeit wirken nicht mehr belastend, das Leben fällt einfach leichter.

Der Vorläufer: Tryptophan

Vorläufer des Serotonins ist das Tryptophan, eine essentielle Aminosäure, die über die Nahrung aufgenommen werden muß und in zahlreichen Nahrungsmitteln enthalten ist, wenn auch in bedeutend geringerer Menge als viele andere Aminosäuren: in Milch und Milchprodukten, Fisch (besonders Meeresfische wie Hering, Sardellen, Lachs, Kabeljau, Makrelen), Geflügel, Eiern, Rind- und Schaffleisch, Leber, Hülsenfrüchten wie Bohnen, Linsen, Sojabohnen, in Nüssen, Mandeln, Bananen, Ananas und Feigen.

Die Einnahme allein von Tryptophan reicht aber nicht aus, denn um vom Gehirn verwertet zu werden, müssen daneben fünf weitere Aminosäuren zur Verfügung stehen: Tyrosin, Phenylalanin, Leucin, Isoleucin und Valin, die allerdings auch »Konkurrenten« des Tryptophans um den Einfluß auf das Gehirn sind. Außerdem ist zur Verarbeitung des Tryptophans die Gegenwart einer gewissen Menge an Polysacchariden oder hochmolekularen Kohlenhydraten notwendig, die sogar gegenüber den Aminosäuren und vor allem gegenüber den Fetten überwiegen müssen. Um gut einschlafen zu können oder um streitbare Gemüter zu beruhigen, wird häufig empfohlen, einen üppigen Teller Nudeln oder Reis zu verzehren. Doch erst durch die Kombination von Kohlenhydraten aus Brot oder Pizza, Mais, Hirse usw. mit den Aminosäuren kann das Tryptophan in ausreichender Menge das Gehirn erreichen, um schließlich die positiven Wirkungen des Serotonins auszulösen.

Einsatzbereit dank Tyrosin

Tyrosin ist eine nicht-essentielle Aminosäure, kann also vom menschlichen Körper selbst aufgebaut werden, allerdings nur in Gegenwart einer anderen essentiellen Aminosäure, dem Phenylalanin. Tyrosin ist eine Vorläufersubstanz für eine ganze Gruppe von wichtigen Neurotransmittern, den sogenannten Katecholaminen wie Dopamin, Adrenalin, Noradrenalin, Epinefrin und Norepinefrin (letzteres wird auch als »Adrenalin des Gehirns« bezeichnet).

Jeder dieser Neurotransmitter hat eine ganz bestimmte Funktion: Gemeinsam ist ihnen, daß sie die Wachsamkeit fördern, also Konzentrationsfähigkeit, Aggressivität, Hunger (Noradrenalin) oder Appetitlosigkeit (Dopamin), die allgemeine (auch die sexuelle) Aktivität (Dopamin) und im Schlaf den Tiefschlaf (REM) verstärken.

Doch leider kann man sich die Wirksamkeit des Tyrosins auch in fragwürdigen Situationen zunutze machen: Die englischen Piloten, die im Krieg gegen Argentinien um die Falklandinseln eingesetzt wurden, blieben dank der Verabreichung von Tyrosin in hohen Dosen über 20 Stunden hinweg ununterbrochen wach und konzentriert. Die Aminosäure hatte sich in diesem Fall als weit zuverlässiger erwiesen als Amphetamine (»Weckamine«) oder ähnliche Medikamente.

Die Quellen für Tyrosin stimmen mit denen für Tryptophan weitgehend überein: Fleisch, Geflügel, Milch und Milchprodukte, Hülsenfrüchte, Nüsse, Eier, Bananen. Im Gegensatz zum Tryptophan benötigt Tyrosin allerdings nicht die massive Anwesenheit von hochmolekularen Kohlenhydraten, um seine Wirkung im Gehirn entfalten zu können. Wenn man sich kurzfristig einer Tätigkeit widmen muß, die äußerste Aufmerksamkeit und Konzentration erfordert, sollte man folglich eine vorwiegend eiweißhaltige Mahlzeit zu sich nehmen, die allerdings weder zu reichhaltig noch schwer verdaulich sein darf.

Zweiter Teil:

Die Nährstoffe und das Gehirn

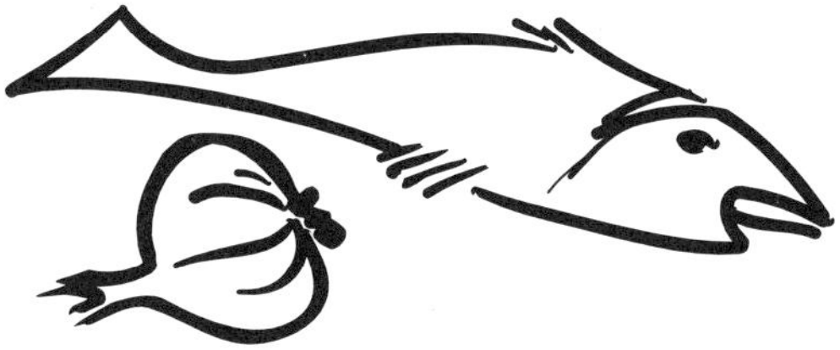

Proteine: Grundlage der Gewebe

Proteine oder Eiweiße sind der Grundstoff, der notwendig ist zum Bau und zur Reparatur unserer Gewebe. Proteine sind komplexe Moleküle, die aus Aminosäuren aufgebaut sind. Mehrere Aminosäuren bilden ein sogenanntes Peptid; werden viele Peptide miteinander verknüpft, entsteht daraus ein Polypeptid, ein langes Eiweißmolekül. Man unterscheidet nicht-essentielle Aminosäuren von essentiellen Aminosäuren, die nicht von unserem Körper selbst aufgebaut werden können und folglich mit der Nahrung zugeführt werden müssen.

Essentielle und nicht-essentielle Aminosäuren

Essentielle	Nicht-essentielle
Isoleucin	Alanin
Leucin	Arginin
Lysin	Asparagin
Methionin	Cystin, Cystein
Phenylalanin	Tyrosin
Tryptophan	Serin
Valin	Glutaminsäure
Histidin (ess. für Kinder)	Taurin
	Prolin

Eiweiße können sich auch mit anderen Stoffklassen verbinden wie zum Beispiel mit Fetten, woraus dann ein sogenanntes Lipoprotein (Fetteiweiß) entsteht, das unter anderem den Grundbaustein von Zellwänden bildet.

Die Grundlage: Aminosäuren

Aminosäuren sind vielseitige Substanzen, die in vielerlei Hinsicht eine wichtige Rolle innerhalb unseres Organismus spielen: In erster Linie sind sie als Grundbausteine der Eiweiße der Baustoff für verschiedene Körpergewebe und bilden einen Teil unserer Erbinformation, der DNS (Desoxyribonukleinsäure). Darüber hinaus fungieren sie als Vorläufersubstanzen sowohl für verschiedene Neurotransmitter als auch für einige Hormone. Einige Neurotransmitter sind Peptide, die aus einer relativ kurzen Kette von (nicht mehr als zehn) Aminosäuren bestehen.

Es liegt vielleicht nahe, in der Hoffnung auf eine schnellere Wirkung, die Aminosäuren am besten pur zu verzehren, um beispielsweise eine erhöhte Konzentration, eine Appetitzügelung oder einen regen Sexualtrieb zu erreichen. In der Tat können isolierte Aminosäuren wie Phenylalanin, Tyrosin, Glutamin, Methionin oder Cystein in der Hand eines erfahrenen Arztes ein wirksames Instrument sein, um eine durch Arzneimittel oder unzureichende Aufnahmefähigkeit verursachte Mangelerscheinung zu beheben. Allerdings kann die eigenmächtige Einnahme zu Beeinträchtigungen führen, die durch Nebenwirkungen (starke Hypoglykämie, extrem hohen oder niedrigen Blutdruck) möglicherweise sogar gefährlich werden können.

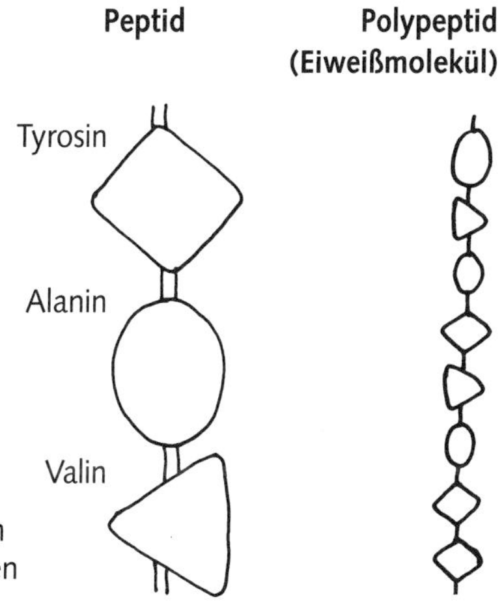

Die Struktur von Proteinmolekülen

Die Konzentration der Aminosäuren im Blut schwankt im Laufe des Tages stark, je nach Anzahl, Größe und Zeitpunkt der Mahlzeiten usw. Deshalb sind wir in manchen Augenblicken des Tages beschwingt, schöpferisch, entschlossen oder konzentriert und in anderen wieder entspannt oder sogar schläfrig. Falls diese Momente nicht auf ideale Weise mit Ihrem Arbeitsrhythmus übereinstimmen sollten, hier ein guter Tip:

Beobachten Sie, nach welcher Art von Mahlzeit und in welchem Zeitraum Sie ein Höchstmaß an Energie erreichen und wie lange das »Hoch« anhält.

Notieren Sie Ihre Beobachtungen und probieren Sie ein paar Varianten aus: Teilen Sie die Mahlzeiten in kleinere Snacks auf, verzehren Sie ein reichhaltigeres Frühstück, wählen Sie mittags vorwiegend eiweißreiche Mahlzeiten und abends kohlenhydratreiche oder umgekehrt, bis Sie Ihr persönliches Optimum gefunden haben (siehe Seite 74).

Proteine: Welche und wieviel?

Bei Proteinen bedeutet »Qualität« vor allem leichte Verdaulichkeit und gute Aufnahmemöglichkeit. Die für die Herstellung bestimmter Neurotransmitter notwendigen Aminosäuren können sowohl aus tierischer als auch aus pflanzlicher Nahrung stammen. So ist zum Beispiel Tryptophan nicht nur in Fisch, sondern auch in Hülsenfrüchten und Nüssen zu finden. Alle Nahrungsmittel enthalten meist eine gewisse Menge Eiweiß, mal mehr, mal weniger. Also finden Sie Eiweiß nicht nur in Lebensmitteln, die im allgemeinen als »gute Eiweißträger« oder »besonders eiweißhaltig« angepriesen werden wie Fleisch, Fisch, Eier, Käse, Hülsenfrüchte oder Nüsse, sondern – wenn auch in geringerem Maße – im Gemüse, Obst und vor allem im Getreide. »Konzentriert eiweißhaltig« bedeutet folglich nicht unbedingt eine bessere Qualität oder ausgewogenere Zusammensetzung. Auch auf die Kombination der verschiedenen Proteine in unserer Nahrung kommt es also an.

Zusammen mit dem Fleischmythos hat sich in den Jahrzehnten nach dem letzten Weltkrieg ein Eiweißmythos mit der Überzeugung verbreitet, daß »je mehr, desto besser« sei. Dieses Vorurteil hat aber der kritischen Überprüfung nicht standgehalten. Es stimmt natürlich, daß ein Eiweißmangel, wie in vielen Entwicklungsländern, infolge von nicht ausgewogenen Diäten oder mangelnder Aufnahmefähigkeit des Körpers, die Funktionstüchtigkeit des Gehirns beeinträchtigen können. Doch kann ein Überschuß an Eiweiß für den Organismus durchaus schädlich sein und ist dann auch dem Gehirn sicherlich nicht zuträglich. Es kann durch eine übermäßige Proteingabe in einigen Funktionen massiv beeinträchtigt werden.

Kohlenhydrate: Energie und Regulation für Gehirnfunktionen

Mehr als jede andere Nährstoffgruppe haben die Kohlenhydrate eine doppelte Funktion für das Gehirn: Sie liefern einerseits schnell Energie und wirken andererseits mit bei der Synthese der Neurotransmitter (insbesondere Serotonin), die Schlafen und Wachsein, Laune und Verhalten regulieren.

Insbesondere im Zusammenhang mit den Kohlenhydraten kommen die komplexen Wechselwirkungen zwischen den verschiedenen Nährstoffen und auf die Hirnfunktionen zum Tragen. Wie bereits erwähnt, ist der Gehalt an Tryptophan, dem Vorläufer des Serotonins, in verschiedenen Nahrungsmitteln vergleichsweise gering. Die Aufnahme von überwiegend eiweißhaltigen Mahlzeiten führt zur Senkung des Tryptophanspiegels und damit der Serotoninsynthese im Hirn, weil andere Aminosäuren wie Isoleucin und Leucin, die besonders häufig in den eiweißhaltigen Lebensmitteln vorkommen, mit dem Tryptophan in starke Konkurrenz treten beim Wettlauf um Hemmung oder Anregung des Gehirns.

Eine kohlenhydratreiche Mahlzeit hingegen regt die Insulinsekretion an, die ihrerseits den Durchtritt einiger Aminosäuren aus dem Blut hemmt und dem Tryptophan den Weg ins Gehirn freigibt, auf das die Insulinsekretion keine hemmende Wirkung ausübt. Das Insulin ist also ein indirekter, aber äußerst zuverlässiger Verbündeter, der ausschließlich bei einer eiweißarmen und kohlenhydratreichen Mahlzeit zum Zuge kommen kann.

Wieviel Energie braucht das Gehirn?

Im Unterschied zu anderen Geweben vermag das Gehirn keine Reserven anzulegen, sondern muß ständig über das Blut ausreichend versorgt werden. Das Gehirn ist zudem ausgesprochen gleichförmig in seinen Ansprüchen: Es ernährt sich – außer in längeren Fastenzeiten (siehe Seite 76) – praktisch nur von Sauerstoff und Glucose. Außerdem ist es auch noch ein »Vielfraß«: Sein relativer Nahrungsverbrauch (bezogen auf das Gewicht) beträgt etwa das Zehnfache von dem der anderen Organe. Ein Erwachsener muß seinem Gehirn täglich 180 bis 200 g Glucose zur Verfügung stellen, und zwar kontinuierlich (was allerdings nicht bedeutet, daß wir ständig essen müssen).

Normalerweise finden wir in jedem Liter Blut 0,5 bis 1,1 g Glucose. Wenn der Zuckerspiegel unter 0,5 g pro Liter sinkt (oder 50 Milligramm pro Deziliter, wie es im

Labor gemessen wird), spricht man von Hypoglykämie (Unterzuckerung). Dieser Zustand äußert sich auf recht unangenehme Weise meist durch Müdigkeit, Konzentrationsmangel, allgemeine Schwäche, Nervosität, Kopfschmerzen oder Migräne, Angstanfälle, Schlaflosigkeit, Gefühllosigkeit und Zittern. Es gibt verschiedene Ursachen für Hypoglykämie: Vor allem zu weite Abstände zwischen den Mahlzeiten oder ein Mangel an bestimmten Nährstoffen verursachen am häufigsten eine Unterzuckerung. Zudem kann es nach den Mahlzeiten zu einer sogenannten reaktiven Hypoglykämie kommen, mit der wir uns im Zusammenhang mit dem Zuckergehalt verschiedener Nahrungsmittel noch beschäftigen werden (siehe Seite 23) Die Einnahme von blutzuckersenkenden Arzneimitteln, vor allem zusammen mit alkoholischen Getränken, kann zusätzlich zur Unterzuckerung beitragen.

Was ist das Beste?

Noch immer sind regelrechte Irrtümer über die Bedürfnisse des Gehirns in Umlauf, die nicht wenige Schüler, Studenten oder Menschen in besonderen Streßsituationen dazu verleiten, vor wichtigen Terminen jede Menge Würfelzucker, gezuckerte Getränke oder Süßigkeiten zu schlucken. Die Wirkung ist meist zumindest enttäuschend, oft geradezu katastrophal. Dagegen hätte die sinnvolle Aufnahme eines Nährstoffcocktails ihr Gehirn in der Streßsituation sicherlich unterstützen können.

Ein wenig mehr Klarheit über die verschiedenen Arten von Kohlenhydraten und ihre Effekte ist also vonnöten. Als Polysaccharide oder Kohlenhydrate bezeichnet man die Nahrungsbestandteile, die Kohlenstoff, Wasserstoff und Sauerstoff meist im Verhältnis $C_n(H_2O)_n$ – also formal pro Kohlenstoffatom ein Wassermolekül – enthalten. Daraus entstehen lange Molekülketten (Polysaccharide), die unserem Organismus als Stützsubstanz, Reservestoff und Energieträger dienen. Reich an Polysacchariden sind Getreide, Hülsenfrüchte, Gemüse, Nüsse und Samen. Obst enthält vor allem kurze Kohlenhydratketten, Mono- und Disaccharide aus ein bzw. zwei Zuckermolekülen.

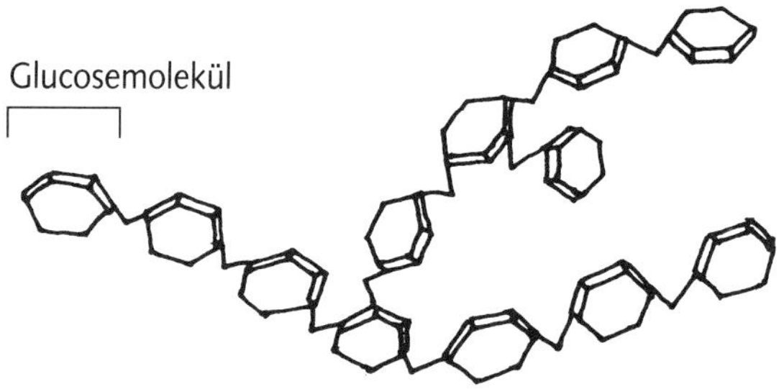

Die verzweigte Molekülkette der Stärke, einem Polysaccharid

Die verschiedenen Zuckerarten

Die wichtigsten Zuckerarten sind die Mono- und Disaccharide. Zu den *Monosacchariden* gehören die bekannte Glucose und die Fructose, die besonders in Honig und in Früchten enthalten sind; die Galaktose kommt dagegen vor allem in der Milch vor. *Disaccharide* bestehen aus zwei Monosacchariden, die zu einer Kette verknüpft sind, wie zum Beispiel die Saccharose (ein Molekül Glucose und ein Molekül Fructose), die Maltose (zwei Einheiten Glucose), die wir in der Regel in Getreide finden, und Lactose (je ein Molekül Glucose und Galaktose) in der Milch.

Der *raffinierte Industrie- oder Auszugszucker,* der im allgemeinen im Haushalt und in der Lebensmittelindustrie zum Süßen verwendet wird, besteht zu 98 Prozent aus Saccharose und ist also ein denaturiertes, isoliertes, »reines« Disaccharid. *Stärke* besteht aus fest verknüpften Glucosemolekülen, die ja auch in unserem Blut als Energieträger dienen, und ist enthalten in Weizen, Reis, Mais, Kartoffeln usw.

Wo sind die Kohlenhydrate?

Die Anwesenheit von Kohlenhydraten in den Speisen ist nicht immer über den süßen Geschmack deutlich spürbar. Im Brot liegt ihr Gehalt zwischen 40 und 50 Prozent, in getrockneten Hülsenfrüchten bis 80 Prozent, in Kastanien bei ungefähr 40 Prozent, in Kartoffeln und Bananen um 20 Prozent, in frischem Obst zwischen 10 und 20 Prozent, in Limonaden und dergleichen um 12 Prozent. Frisches Obst besteht hauptsächlich aus Wasser, während getrocknete Hülsenfrüchte fast gar keins mehr enthalten, was sich natürlich auch positiv auf den Kohlenhydratgehalt auswirkt. Fleisch, Fisch, Eier und Käse enthalten praktisch keine Kohlenhydrate.

Die Unterschiede in ihrer Wirkung auf unseren Organismus sind enorm, je nachdem, in welcher Form und über welches Nahrungsmittel wir Zucker zu uns nehmen. Während Glucose nicht umgesetzt werden muß und innerhalb von wenigen Minuten direkt ins Blut übergeht, nehmen die längeren Molekülketten der Stärke mehr Verdauungszeit in Anspruch, um in einfachere Elemente zerlegt zu werden. Außerdem sind im Getreide und in stärkehaltigen Gemüsearten (z. B. Kartoffeln, Kürbis usw.) immer reichlich Fasern und andere Bestandteile enthalten, die die Aufnahme über den Darm verlangsamen.

Zucker für Höchstleistungen?

Wenn wir beispielsweise ein Stück Würfelzucker essen, steigt unser Blutzuckerspiegel innerhalb von fünf Minuten rapide an. Die schnelle Aufnahme löst eine starke Insulinsekretion aus, die auch einem gesunden Menschen Probleme bereiten kann. Aufgrund der massiven Insulinwirkung, die den Glucosespiegel im Blut überschnell absenkt, kann nämlich im Gegenteil ein besonders niedriger Blutzuckergehalt entstehen, so daß der Sportler womöglich mit einem intensiven Schwächegefühl oder der Student mit einer Gedächtnislücke oder Konzentrationsschwäche kämpfen muß.

Beim Verzehr von stärkehaltigen Speisen (Brot, Kartoffeln, Nudeln) dagegen beginnt der Blutzuckerspiegel erst nach etwa zehn Minuten allmählich zu steigen und beim Verzehr von vorwiegend fructosehaltigem Obst womöglich erst nach 25 Minuten. Wichtig ist dabei vor allem, daß die Glucose langsam ins Blut abgegeben wird, so daß es zu einem gleichmäßigen Insulinausstoß kommt, der einerseits die Bauchspeicheldrüse nicht überfordert und andererseits auch nicht zu den unerwünschten Schwächegefühlen führt.

Migräne und Hypoglykämie

Wer häufiger unter Migräne leidet, sollte die Symptome genau beobachten und womöglich ein Tagebuch führen, in dem die Tageszeiten, Schmerzanfälle usw. notiert werden. Die Migräne kann nämlich auch durch eine Hypoglykämie, d. h. eine Unterzuckerung, ausgelöst werden.
Überprüfen Sie, ob Sie

- eine Mahlzeit ausgelassen haben, die Sie für gewöhnlich einnahmen;
- auf ein richtiges Frühstück verzichtet haben;
- eine bestimmte Diät einhalten (kaloriengebremst oder stärkereduziert);
- eine Mahlzeit verzehrt haben, die besonders reich an Auszugsprodukten, vor allem Industriezucker war, womöglich gleichzeitig mit Fetten und/oder Koffein wie zum Beispiel Sahnetorte mit Kaffee oder Tee oder auch Kekse mit einem Colagetränk. Gerade durch diese Zusammenstellung kommt es ganz besonders leicht zu einem starken Zuckeranstieg im Blut und anschließendem steilen Blutzuckerabfall, der auch eine Migräne provozieren kann.

Wenn der Zucker Probleme macht

Das Gehirn ist ohne Glucose und Sauerstoff nicht funktionstüchtig. Diese Tatsache hat viele zu der Annahme verleitet, das »der Zucker«, d. h. der Industriezucker, der mittlerweile in fast allen Nahrungsmitteln (sogar in Wurstwaren!) anzutreffen ist, nützlich oder gar unentbehrlich sei. Zahlreiche Untersuchungen haben mittlerweile ergeben, daß übermäßiger Zuckerkonsum nicht nur beträchtliche gesundheitliche Probleme, wie Karies, Diabetes usw., auslösen, sondern sich auch negativ auf Verhalten und Lernvermögen, insbesondere bei Kindern, auswirken kann.

Hyperaktiv?

Früher nannte man sie Zappelphilipp: In den Vereinigten Staaten sind hyperaktive Kinder bereits zu einem weit verbreiteten Problem geworden (man spricht von etwa zehn Prozent der Schulkinder) und drohen es auch bei uns zu werden. Die Auslöser für ihr rastloses Verhalten sind besonders auch in den Ernährungsgewohnheiten zu suchen, die sich durchaus unterscheiden können. Einige Kinder reagieren besonders stark auf bestimmte Zusatzstoffe, andere auf einen erhöhten Konsum von Auszugsprodukten der Kohlenhydrate, vor allem Industriezucker.

Zahlreiche Studien, die auch in Erziehungsanstalten für verhaltensauffällige Minderjährige durchgeführt wurden, haben bestätigt, daß der Austausch von Süßigkeiten, Limonade, Auszugsmehl (Weißbrot), weißem Reis, weißen Nudeln gegen frisches Obst und Gemüse, Nüsse, Käse und Vollkorngerichte die Anzahl von Verhaltensstörungen einschließlich Hyperaktivität, Gewalttätigkeit und Vandalismus auf die Hälfte reduziert hat. Man nimmt an, daß der Hauptgrund für die von Industriezucker und Auszugsmehlen ausgelösten Probleme ein chronischer Mangel an Mineralstoffen wie Eisen, Phosphor, Magnesium und Zink ist – Stoffe, die für den Glucosestoffwechsel unentbehrlich sind.

Zuckermangel?

Im Bereich der Jugendkriminalität wurde ein weiteres Ernährungsproblem aufgedeckt: Es fiel nämlich auf, daß die Kinder mit einem übermäßigen Konsum von raffinierten Kohlenhydraten und Zusatzstoffen meist gleichzeitig auch ein überhöhtes Bedürfnis nach Fetten und tierischem Eiweiß hatten. Es wurde eine Versuchsreihe unternommen, die die Wirkung von Veränderungen dieser Ernährungsgewohnheiten untersuchte: Der Gehalt an tierischen Fetten und Proteinen wurde reduziert und der an hochmolekularen und nicht-raffinierten Kohlenhydraten wurde erhöht. Die Ergebnisse waren auffallend, denn die Kinder zeigten eine deutlich geringere Aggressivität und ein viel besseres Konzentrationsvermögen.

Heißhunger auf Zucker?

Sie haben einen »süßen Zahn«, die vielen Menschen, die in besorgniserregender Menge Zucker verspeisen, was sogar zu einer ausgeprägten Sucht führen kann. Diese ungezügelte Lust auf Süßes oder jedenfalls auf Kohlenhydrate schlägt sich dann im hohen Körpergewicht, im gestörten Drüsensystem und allgemeinen Unwohlsein nieder. Die Lust auf Süßes unterliegt bestimmten Rhythmen, wie wissenschaftliche Untersuchungen ergeben haben. Nach recht genauen Zeitplänen im Laufe eines Tages, eines Monats oder auch eines Jahres zeigen sich Höhen und Tiefen des Verlangens.

Am Nachmittag

Bei jedem von uns zeigt sich im Laufe des Tages ein ziemlich eigenartiges Phänomen: Der Tryptophangehalt im Blut steigt und fällt nach einem charakteristischen und verhältnismäßig konstanten Rhythmus. Am späten Nachmittag steigt der Tryptophanspiegel im Blut und im Gehirn an, doch die Konzentration von Serotonin nimmt nicht gleichzeitig zu, wie man eigentlich annehmen sollte, sondern nimmt im Gegenteil ab. So entsteht leicht ein Gefühl von Nervosität oder Erschöpfung und man verspürt Lust auf einen süßen Snack.

Bei nicht wenigen Menschen ist die Selbstregulierung dieses Mechanismus aus dem Takt gekommen und sie fühlen sich von Kohlenhydraten so stark angezogen, daß sie oft geradezu eine Versessenheit und eine zwanghafte Gier entwickeln. Nach einer – auch sehr reichlichen – Kohlenhydratmahlzeit verbessert sich ihre Laune in der Regel, und sie fühlen sich energiegeladen, während sich bei den meisten »normalen« Menschen eher Trägheit oder Schläfrigkeit bemerkbar machen. Man kann also nicht allgemein sagen, daß ein Stück Kuchen »aufmöbelt« oder »einschläfert«, denn es kommt offensichtlich ganz auf den persönlichen Stoffwechsel und Biorhythmus an.

Für diejenigen, die zu einer dieser »Schleckermäuler«-Gruppen gehören, gibt es einige praktische Hinweise gegen die übermäßige Lust auf Kohlenhydrate: Bei nachmittäglichem Heißhunger sollten Sie nach Möglichkeit kleine Zwischenmahlzeiten zu sich nehmen, die reich an vollwertigen Kohlenhydraten sind und gleichzeitig ausreichende Mengen an Faser- und Vitalstoffen enthalten, dagegen aber nur geringe Mengen an Fett. Der gleichzeitige Genuß von anregenden Getränken wie Kaffee oder Tee ist möglichst zu vermeiden. Durch eine Untersuchung des Mineralstoffgehalts im Blut kann man mögliche Mangelzustände feststellen, die sich leicht bei Störungen des Zuckerstoffwechsels einstellen.

Vor den gewissen Tagen

Viele Frauen leiden am Prämenstruellen Syndrom (PMS), d. h. einige Tage vor Beginn der Menstruation stellen sich manchmal sehr unterschiedliche lästige Symptome ein, psychischer Art wie Nervosität, Gereiztheit, Depressionen und/oder körperlicher Art wie Aufgedunsenheit durch Wassereinlagerungen, Kopfschmerzen, Schweregefühl. Hinzu kommt oft ein fast unwiderstehliches Verlangen, ein echter Heißhunger nach Kohlenhydraten, vor allem nach Süßigkeiten.

Frauen, die unter PMS leiden, sollten ebenfalls Vollwertkost bzw. Vollkorn-Kohlenhydrate bevorzugen. Außerdem können sie ihre Ernährung durch Einnahme von Nachtkerzenöl oder Borretschöl (in Gelatinekapseln, mindestens über drei Monate hinweg) ergänzen. Diese Pflanzenextrakte sind reich an Gamma-Linolensäure, dem Vorläufer von Prostaglandinen, und haben sich als sehr wirksam bei der Verbesserung des Hormongleichgewichts erwiesen.

Im Winter

Die Amerikaner nennen es SAD: Nicht für »traurig«, sondern für *seasonal affective disorder,* eine jahreszeitlich bedingte Gemütsstörung, steht diese Abkürzung. Wir sind zwar alle mehr oder weniger von den klimatischen Unterschieden zwischen den Jahreszeiten betroffen, aber für einige Menschen sind sie besonders stark und unangenehm spürbar. Sie werden verstimmt, geradezu depressiv, schlafen zwar länger, aber nur einen leichten, unruhigen und wenig erholsamen Schlaf. Und sie haben meist großen Appetit auf Kohlenhydrate und Süßigkeiten und nehmen im Laufe eines Winters leicht ein paar Kilo zu.

Die Forschungsergebnisse dazu haben einen wichtigen Zusammenhang zwischen dem Neurotransmitter Serotonin (der nach stärkehaltigen Mahlzeiten freigesetzt wird) und Melatonin ergeben. Melatonin ist ein Hormon, das eine Drüse im Gehirn, die sogenannte Zirbeldrüse (Epiphyse), während der Nacht, d. h. in den Stunden der Dunkelheit, ausscheidet und für die nötige Schläfrigkeit sorgt. In den kurzen Tagen des Winters muß man also mit einem größeren Schlafbedürfnis oder Eßverlangen und womöglich sogar Stimmungsabfall rechnen wie in einer Art Winterschlaf. In den Ländern, in denen der Winter besonders lang und dunkel ist, gibt es auch mehr Menschen, die an einem regelrechten SAD-Syndrom leiden. In der Regel bessert sich der Zustand mit zunehmender Tageslänge oder aber sogar innerhalb von wenigen Tagen, wenn man eine Reise in ein sonnigeres Land unternimmt. Dabei hat es den Anschein, als wäre die Vormittagssonne sehr viel wirkungsvoller als die Nachmittagssonne. Künstliches Licht hingegen vermag eine depressive Stimmung nur sehr begrenzt zu beeinflussen, denn es bietet nicht das volle Spektrum des Sonnenlichts und es ist weit weniger leuchtkräftig (250–500 Lux statt 2500 Lux).

Wer in den Wintermonaten zu Depressionen neigt, sollte das Tageslicht (vor allem vormittags) so intensiv wie möglich nutzen und auch aus dem Haus gehen, wenn das Wetter nicht gerade dazu einlädt. Natürlich sind ein Aufenthalt in sonniger Gegend und viel Bewegung im Freien besonders wirkungsvoll.

Die angemessene Zuckerversorgung sicherstellen

Die Menschen sind auch in ihrem Stoffwechsel nicht völlig gleich, und folglich kann es keine Diäten »für jedermann« oder Standardrezepte mit allgemeingültigen Mengen geben. Immerhin gibt es aber einige relativ universelle Regeln, die von jedem von uns schnell und einfach in eine gesunde Lebensführung eingebaut werden können.

Kohlenhydrate richtig auswählen

Um keine abrupten Hyperglykämien (Überzuckerung) oder Hypoglykämien (Unterzuckerung) auszulösen, die sowohl Ihre geistigen wie auch Ihre körperlichen Leistungen beeinträchtigen und auf lange Sicht auch Ihre Gesundheit aufs Spiel setzen, sollten Sie hochmolekulare Kohlenhydrate wie Stärke (Brot, Nudeln, Reis, Mais usw.) den niedermolekularen, besonders den isolierten wie in reinem Zucker vorziehen. Vermeiden Sie also möglichst gezuckerte Getränke, Törtchen, also Snacks aus Auszugsmehl und Industriezucker, und Süßigkeiten im allgemeinen. Ernähren Sie sich nach Möglichkeit mit Vollkorngetreide sowie Obst und Gemüse aus kontrolliertem Anbau. Der höhere Gehalt an Mineralstoffen dieser vollwertigen Produkte kommt auch Ihrem Kohlenhydrat-Stoffwechsel zugute.

Bemerken Sie öfter Symptome, die für eine Unterzuckerung typisch sind (siehe Seite 22), dann organisieren Sie Ihren Tagesablauf so, daß Sie sechs oder sieben kleinere Mahlzeiten am Tag einnehmen können. Sie sollten nicht nur die notwendige Zeit einkalkulieren, sondern auch die Art von Mahlzeit und die Gesamtaufnahme der Nahrungsmittel richtig abschätzen: Also auf eine ausgewogene Mischung von Proteinen, Kohlenhydraten und Fetten achten und natürlich auch ein Auge auf die angemessene Energiemenge (in Joule bzw. Kilokalorien) für Ihre persönliche Konstitution haben.

Die Mahlzeiten verteilen

Wenn Sie nur eine oder zwei Mahlzeiten am Tag zu sich nehmen, haben Sie natürlich stärkere Schwankungen im Blutzuckerspiegel. Versuchen Sie, sich – vielleicht schrittweise – an ein gutes Frühstück zu gewöhnen, das ohne weiteres kohlenhydratreich sein darf (Brot, Müsli etc.), aber möglichst wenig Industriezucker (z. B. gekaufte Marmelade und fertige Brotaufstriche) enthalten sollte. Es darf auch ein vorwiegend oder teilweise eiweißhaltiges Frühstück sein, beispielsweise mit Milch, Quark, Joghurt, Käse oder Eiern. Wenn Sie morgens keinen Appetit haben, dann sollten Sie versuchen, abends nicht zu spät zu essen, oder aber Sie frühstücken vielleicht erst ein oder zwei

Stunden nach dem Aufstehen. Wenn all das nichts hilft, sollten Sie auf jeden Fall eine Frühstückspause bei der Arbeit einlegen.

Folgen Sie Ihrem persönlichen Rhythmus

Oft entspricht der individuelle Biorhythmus nicht dem des äußeren Rahmens, sprich: Arbeitplatz, und den »öffentlichen« Mahlzeiten. Wenn Sie schon um elf oder zwölf Uhr Hunger verspüren, aber in Ihrer Umgebung im allgemeinen um 13 Uhr oder sogar später zu Mittag gegessen wird, macht es keinen Sinn, bis dahin zu hungern oder aber ständig zu knabbern, um das Hungergefühl in Grenzen zu halten. Sie könnten eine andere Art von Frühstück einplanen, das »länger vorhält«, d. h. einen höheren und länger anhaltenden Sättigungsgrad erreicht wie zum Beispiel Müsli statt weißen Brötchen mit Marmelade, oder eine Zwischenmahlzeit einlegen mit frischem Obst, Trockenobst und/oder Joghurt.

Das gleiche gilt für den Nachmittag und Abend: Wenn Sie für gewöhnlich am späten Nachmittag ein Energietief haben, beugen Sie ihm mit einer leichten Zwischenmahlzeit vor. Fegen Sie den Gedanken, dafür hätten Sie keine Zeit, gleich vom Tisch, denn auch die kurze Denkpause nützt Ihrem Gehirn! Räumen Sie in jedem Fall dem Frühstück und dem Mittagessen einen Vorzug gegenüber dem Abendessen ein, denn Energie brauchen Sie tagsüber! Allerdings kann ein allzu reichliches Mahl auch einen negativen Effekt auf Ihre Leistung haben, deshalb ist die Auswahl der Nahrungsmittel und die Menge von entscheidender Bedeutung.

Bei Heißhunger

Wenn Ihr Bedürfnis nach Nahrungsaufnahme in der Zwischenzeit »aus der Reihe tanzt« und ein enormes Verlangen nach »süß« auslöst, ist es besonders wichtig, zwischen dem Bedürfnis des Körpers einerseits

Eine süße Täuschung

Künstliche Süßstoffe sind vor allem bei denen beliebt, die auf die Linie achten wollen, ohne auf den süßen Geschmack zu verzichten. Es handelt sich dabei in den meisten Fällen um synthetisch hergestellte Moleküle, die einen süßen Eindruck hinterlassen, aber wenig oder gar nichts auf die Kalorienwaagschale werfen. Einer von diesen Stoffen, Aspartam, enthält 400 Kilokalorien pro 100 g – genau wie Industriezucker, besitzt aber die etwa 200fache Süßkraft, weshalb man also nur sehr geringe Mengen braucht. Null Kalorien haben Saccharin (500mal süßer als Saccharose), die Cyclamate (30mal süßer) und Acesulfam (150mal süßer als Zucker).

Allerdings können diese künstlichen Süßstoffe auch Nachteile haben: Einige hinterlassen einen unangenehmen Nachgeschmack, andere sind nicht temperaturbeständig und folglich nicht zur Herstellung von Backwaren geeignet. Und einige stehen immer wieder im Kreuzfeuer der Kritik, weil es sich um synthetische Moleküle handelt, die also von unserem Stoffwechsel nicht »erkannt«, d. h. verarbeitet werden können. Verschiedene Süßstoffe wurden beispielsweise in den USA bereits aus dem Handel gezogen, nachdem die FDA, die Food and Drug Administration der Vereinigten Staaten, die die Sicherheit von Lebens- und Arzneimitteln kontrolliert, deren Schädlichkeit festgestellt oder gar krebsauslösende Faktoren vermutet hat.

und dem Risiko einer anschließenden Unterzuckerung oder depressiven Krise andererseits auszugleichen. Einige Ratschläge, die dabei helfen:

- Im Haus keine Speisen oder Getränke mit »leeren Kalorien« wie Süßigkeiten, Limonade, Coca, Alkoholika horten.
- In Reichweite stets frisches Obst und rohes Gemüse wie Möhren und Stangensellerie, die man im Fall von »Hungeranfällen« knabbern kann.
- Nehmen Sie viele kleinere Mahlzeiten zu sich.

So enthält Aspartam Phenylalanin und kann also in hohen Dosen den Phenylalaninspiegel im Körper und damit auch im zentralen Nervensystem dramatisch erhöhen. Für Menschen, die an der Stoffwechselkrankheit Phenylketonurie leiden, kann das verhängnisvoll werden. Wenn Aspartam zusammen mit anderen Kohlenhydraten eingenommen wird (z. B. Aspartam-gesüßter Kaffee zum Kuchen oder eine Aspartam-gesüßte Torte), verstärkt sich der Effekt noch. Phenylalanin wird vom Körper in Tyrosin umgebaut, das in Konkurrenz zum Tryptophan treten kann und als Ausgangsstoff für einige Neurotransmitter dient. Darüber hinaus hat der Phenylalaningehalt auch einen Einfluß auf die Signalverarbeitung im Gehirn, was sich in der Folge wiederum auf die Reaktionen eines Menschen auswirken kann. Saccharin und Cyclamat sollten nicht während Schwangerhaft, Stillzeit und in den ersten drei Lebensjahren verzehrt werden. Der gesamte Konsum von Saccharin sollte in keinem Fall 2,5 mg pro kg Körpergewicht täglich überschreiten.
Geschmacksnerven und Gehirn mit einem synthetischen Stoff zu täuschen, ist vermutlich ein schlechtes Geschäft, denn unser Gehirn braucht ja tatsächlich Glucose und kann mit Nachahmungen auf die Dauer wohl nichts Rechtes anfangen.

- Essen Sie Dinge, die viele Ballaststoffe enthalten, rohes Obst, rohes Gemüse, Vollkorngetreide. Hülsenfrüchte zum Beispiel haben eine ausgleichende Funktion auf den Blutzuckerspiegel. Linsen, Erbsen, Bohnen, Kichererbsen usw. sind zudem eine ausgezeichnete Eiweißquelle und sollten oft auf Ihrem Speisezettel stehen.
- Essen Sie mit Ruhe, kauen Sie ausgiebig und aufmerksam. Auf diese Weise erreicht der »Brennstoff« Ihr Blut (und Ihr Gehirn) vollständiger und gleichmäßiger.
- Beobachten Sie, wie Sie sich nach einer stärkehaltigen Mahlzeit fühlen, denn die individuelle Reaktion kann sehr unterschiedlich ausfallen. Der eine fühlt sich nach einem Mittagessen aus Nudel-Bohnen-Suppe in Höchstleistungsform, der andere dagegen wird schläfrig. Der eine schläft besser nach einem Abendessen mit Maisbrei, der andere nach Käse mit Gemüse, Fisch oder Fleisch. Wenn Sie erst einmal die Reaktion Ihres Körpers auf verschiedene Arten von Speisen festgestellt haben, fällt es Ihnen bald leicht, sich für Sie ideale Menüs zusammenzustellen, damit Sie sich immer topfit fühlen.
- Und jedesmal, wenn Sie eine unwiderstehliche Lust auf Süßes überfällt, dann versuchen Sie, sich abzulenken: Konzentrieren Sie sich ganz auf Ihre Arbeit, körperliche oder geistige Beschäftigung, oder gehen Sie ans Fenster und atmen ein paarmal tief

durch. Wenn die Lust dann noch nicht vergangen ist, tun Sie wenigstens etwas, um sich das Süße »zu verdienen«: Gehen Sie zum Beispiel ein Stück zu Fuß statt zu fahren oder nehmen Sie das Fahrrad, um sich den ersehnten Kuchen zu besorgen.

Fette: Das Gerüst der Nervenzellen

In den letzten Jahren hat sich eine allgemeine Tendenz zur Verteufelung aller Speisefette (Lipide) entwickelt, die dem tatsächlichen Verbrauch des Körpers nicht ganz gerecht wird. Verglichen mit dem Bedarf unserer Vorfahren, braucht unser Organismus dank unserer derzeitigen Lebensweise in wohltemperierten Räumen und bei nur geringer körperlicher Betätigung tatsächlich nur relativ wenig Fett. Lipide sind äußerst kalorienreich und daher besonders wirkungsvolle Energiespender. Falls sie allerdings nicht sofort und vollständig von unserem Körper verbraucht werden, riskieren wir auf die Dauer nicht nur Fettpölsterchen, sondern auch eine Beschleunigung gewisser Degenerationsvorgänge, zum Beispiel in den Arterien.

Auf den ersten Blick scheint das Gehirn keine Fette zu brauchen, da seine Brennstoffe ja Glucose und Sauerstoff sind. Doch bei der Untersuchung unseres Nervensystems, zu dem ja auch unser Gehirn gehört, stellt man fest, daß etwa 50 Prozent seiner Trockenmasse aus Lipiden, d. h. Fetten besteht. Fette, oder genauer: bestimmte Teile der Fette, sind unabdingbar notwendig für den Aufbau und die korrekte Funktion von Zellwänden, die ja verantwortlich sind für die ausreichende Versorgung des Gehirns mit Sauerstoff und Neurotransmittern, auf denen wiederum die Funktion der Nervenzellen und die Nachrichtenübermittlung des Körpers beruht.

Die Zellmembran besteht aus einer doppelten Schicht von Fettmolekülen, an die sich andere Substanzen wie zum Beispiel Proteinmoleküle ein- und auflagern. Jegliche Veränderung oder Anomalie in der Anordnung der Moleküle verändert die Funktionsfähigkeit der Membran und kann die Weiterleitung von Nervenreizen aufs Spiel setzen.

Die Fettsäuren

Der Ausdruck Lipide oder Fette ist ein allgemeiner Oberbegriff. Die Bezeichung Triglyzeride, die beispielsweise bei Ergebnissen von Blutuntersuchungen auftaucht, ist der chemisch korrekte Begriff für diese Stoffklasse. Fette sind aus verschiedenen Substanzen zusammengesetzt, nämlich prinzipiell aus einem Molekül Glycerin, einem Alkohol, an das verschiedene Fettsäuren angehängt sind. Verbinden sich drei Fettsäuremoleküle mit einem Glycerinmolekül, bezeichnet man das entstandene Molekül als Triglyzerid oder Neutralfett.

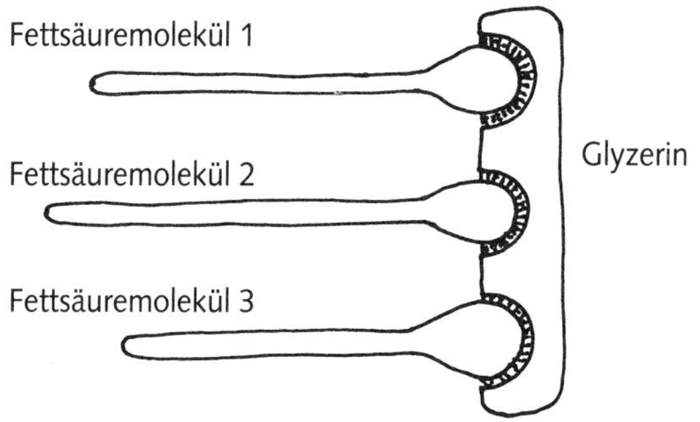

Die Molekülstruktur von Lipiden

Essentiell und nicht-essentiell

Bei den zahlreichen Arten von Fettsäuren unterscheidet man zwischen nicht-essentiellen, die der Körper selbst herstellen kann, und essentiellen, die mit der Nahrung aufgenommen werden müssen. Fettsäuren sind für eine ganze Reihe von lebenswichtigen Funktionen unerläßlich, unter anderem auch in Prostaglandinen, einer der vier Hormonklassen, die in fast allen Zellen vorkommen und die Funktion sehr unterschiedlicher Organe steuern wie zum Beispiel die Kontraktion von Blutgefäßen.

Gesättigt und ungesättigt

Bei den verschiedenen Fettsäuren unterscheidet man gesättigte (ohne Doppelbindung in der Molekülkette), die im allgemeinen tierischen Ursprungs sind, meist vor allem von »Erdtieren« wie Rindern, Schweinen usw. stammen, und ungesättigte Fettsäuren (mit Doppelbindungen in der

Molekülkette), die vorwiegend in pflanzlichen Fetten und zum Teil auch in Fetten von »Wassertieren« wie Fischen und Muscheln oder »Lufttieren« wie Hühnern, Putern usw. vorkommen.

...und das Gehirn

Die im Gehirn des Menschen vorkommenden Fette sind zu zwei Dritteln ungesättigte Fettsäuren, die für die Kontrolle der Abläufe an den Zellmembranen zuständig sind. Dann brauchen wir also einfach nur die für das Gehirn notwendigen Fettsäuren in großzügiger Menge über unsere Nahrung aufnehmen?

Ganz so einfach ist die Sache leider nicht, denn zum einen entspricht eine erhöhte Fettzufuhr auch einer starken Kalorienzufuhr, die im Hinblick auf den Gesundheitszustand nicht unbedingt wünschenswert ist. Zum anderen weil sich insbesondere mehrfach ungesättigte Fettsäuren »gerne« an Sauerstoff binden, also einem großen chemischen Risiko ausgesetzt sind: Wenn sie nämlich mit Luft oder Wärme in Kontakt kommen wie beim Kochen oder Frittieren, droht ihnen die Oxidation, d. h. ein Riß in der Molekülkette und damit Funktionsverlust. Die ungesättigten Fettsäuren in unserem Essen sind also sehr empfindlich. Außerdem müssen die Fettsäuren in einem ausgewogenen Gleichgewicht zur Verfügung stehen, damit das Gehirn optimal arbeiten kann. Die vermehrte Einnahme einer bestimmten Fettsäure kann den Mangel einer anderen nicht wettmachen. Einfach drauflosessen reicht also nicht.

Linolsäure und Linolensäure

Insbesondere die vielfach ungesättigten Fettsäuren Linolsäure und Linolensäure sind für unser Gehirn von besonderer Bedeutung und sollten etwa im Verhältnis 5:1 in unserer Nahrung vorkommen. Eine gute Quelle für Linolsäure sind kaltgepreßte Öle aus Traubenkernen, Sonnenblumenkernen, Nüssen, Mais, Disteln, Weizenkeimen, Soja, Erdnüssen und Oliven sowie Geflügel. Linolensäure ist im Öl von Leinsamen, Nüssen, Soja, Weizenkeimen, Butter und in Geflügelfett enthalten.

Es gibt aber noch weitere wichtige Formen dieser Fettsäuren, die die Arbeit unseres Gehirns beeinflussen. Die Gamma-Linolensäure beispielsweise ist eine Ausgangssubstanz für Prostaglandine, die unter anderem für einen ungestörten Ablauf des weiblichen Zyklus verantwortlich und damit auch bei prämenstruellen und anderen Monatsbeschwerden wirksam sind. Darüber hinaus ist die Fettsäure für Lernvorgänge und für Gedächtnisleistungen von Bedeutung. Insbesondere Öle aus Samen von Nachtkerzen *(Oenothera biennis)* und

Borretsch enthalten viel Gamma-Linolensäure. Eine weitere Quelle ist kürzlich erst entdeckt worden: Ein Kleinstlebewesen, das Soja in Tempeh, eine ursprünglich indonesische Spezialität, verwandeln kann. Der Pilz *Mucor javanicus* produziert bei dem Gärprozeß ein Öl, das besonders reich an Gamma-Linolensäure ist.

Hoffentlich werden wir in Zukunft noch oft über solche natürliche Formen der Biotechnologie hören.

Der Gehalt von Linolsäure und Linolensäure in verschiedenen Lebensmitteln (in %)

Nahrungsmittel	Linolsäure	Linolensäure
Traubenkernöl	70	0,2
Sonnenblumenkernöl	65	minimal
Walnußöl	65	8
Distelöl	65	minimal
Weizenkeimöl	55	6
Maiskeimöl	50	0,5
Sojaöl	50	8
Erdnußöl	28	minimal
Olivenöl	9	minimal
Leinsamenöl	—	53
Schmalz	7	0,3
Butter	4	1
Huhn (Fett)	20	1
Ei	12	0,5
Käse	minimal	0,3
Soja-Lecithin	55	6

Ölsäure

Viel Aufmerksamkeit wird zur Zeit auch der Ölsäure gewidmet, die eine einfach ungesättigte Fettsäure, also weniger den Gefahren der Oxidation ausgesetzt ist als die mehrfach ungesättigten Fettsäuren. In der Muttermilch ist Ölsäure zu einem besonders großen Anteil vorhanden: Sie macht etwa 40 Prozent des gesamten Fettanteils aus. Auch Olivenöl enthält viel Ölsäure und ist deshalb als weitere natürliche Quelle auch für Kleinkinder nach dem Stillen besonders geeignet. Übrigens sind auch Linolsäure, Linolensäure, Arachidonsäure und Cervonsäure (entsteht aus Linolensäure) in der Muttermilch zu finden, in tierischer Milch hingegen nur unvollständig und in Flaschennahrung für Säuglinge meistens überhaupt nicht.

Und Cholesterin?

Weitere Lipide, die am Zellwandaufbau beteiligt sind, sind die Sterine. Dazu gehört auch das Cholesterin, eine Vorstufe der Steroidhormone und Calciferole (Vitamin D), das insbesondere in den Zellwänden von Nervenzellen vorkommt. Es genießt allerdings einen denkbar schlechten Ruf als »Herz- und Arterienkiller«, weil es sich an den Arterienwänden ablagern kann (Arteriosklerose). Mit Sicherheit ist bislang lediglich ein Zusammenhang zwischen einem hohen Cholesterinspiegel im Blut und einem Mangel an LD-Lipoproteinen (*Low Density*, Fetteiweiße von geringer Dichte) und VLD-Lipoproteinen (*Very Low Density*, Fetteiweiße von äußerst geringer Dichte), die für den Transport von Cholesterin zuständig sind, mit Herz- sowie Herzkranzgefäßkrankheiten festgestellt worden. Darüber hinaus sind bezüglich des Zusammenhangs von Cholesterin, seinem Gehalt in der aufgenommenen Nahrung, seinem Blutspiegel und den möglichen Konsequenzen noch viele Fragen offen.

Cholesterin wird unabhängig von der Zufuhr über die Nahrung auch von unserem Körper selbst hergestellt. Aber wie einige andere lebensnotwendige Substanzen ist auch Cholesterin ein Stoff, der unter Umständen gefährlich werden kann, jeweils abhängig von der Menge und der individuellen Art des Körpers, Cholesterin zu verarbeiten.

Gelegentlich werden die Begriffe »arteriosklerotisch«, »verkalkt« und »blöd« synonym benutzt, was sicher überspitzt ist. Doch ein Körnchen Wahrheit ist schon daran, denn die Ablagerungen von Cholesterin an den Arterienwänden können diese tatsächlich schädigen und langfristig das Gefäß verengen, wodurch der Blutfluß behindert und auch die Sauerstoffversorgung des Gehirns und damit seine Funktionsfähigkeit beeinträchtigt wird. Die Gefäßverengung kann außerdem zu Bluthochdruck führen und stellt einen Risikofaktor für Schlaganfälle dar.

Der Cholesteringehalt in den Lebensmitteln

Es ist schon ein wenig seltsam, daß in den Tabellen über den Cholesteringehalt verschiedener Lebensmittel an erster Stelle immer das Gehirn (meist Rinderhirn) steht. 2000 mg oder mehr pro 100 g Substanz, gegenüber 70 mg im restlichen Rindfleisch, 90 mg in Parmesankäse, 120 mg in Vollmilch, 55 mg in Forelle, 35 mg in Lachs und allerdings 500 mg im Ei (1480 mg im Eigelb). Und dabei galt Hirn doch immer als ausgezeichnete Speise, um die intellektuellen Fähigkeiten zu verstärken...

Im Zusammenhang mit der aktuellen Diskussion des Cholesterinproblems ist das Ergebnis einer Untersuchung, die an der Universität von Pittsburg/USA durchgeführt wurde, nicht uninteressant: Cholesteringedrosselte Ernährung senkte zwar bei 25 bis 30 Prozent der Patienten das Infarktrisiko, allerdings ergab sich bei der untersuchten Gruppe in erschreckender Weise eine erhöhte Zahl von Selbstmorden, Gewalttätigkeiten und Unfällen verschiedener Art. Man vermutet, daß die abrupte Veränderung der Ernährungsgewohnheiten unter Umständen das körperlich-geistige Gleichgewicht stark negativ beeinflußt, die Konzentration beeinträchtigt oder depressive Stimmungen heraufbeschwören könnte. Ähnliches bestätigen auch epidemiologische Untersuchungen an der Universität von San Diego in Kalifornien *(The Lancet, 12/1992)*: Bei einer Gruppe von über 1000 männlichen Testpersonen im Alter zwischen 50 und 89 Jahren, die vor allem in Führungspositionen tätig waren, stellte man bei Männern mit einem niedrigen Cholesterinspiegel ebenfalls eine verstärkte Neigung zu Depressionen fest.

Fisch unter der Lupe

Bis vor nicht allzulanger Zeit bekam man meist den Rat, nur mageres Fleisch, fettarmen Käse und mageren Fisch zu verzehren, um einem Cholesterinanstieg im Blut vorzubeugen, denn Cholesterin ist ja charakteristisch für tierische Fette. Inzwischen mußte man diese Angaben korrigieren: Selbst die fettesten Fische enthalten offenbar weniger Fettsäuren als Fleisch und sind zudem viel gesünder, weil hier überwiegend ungesättigte Fettsäuren vorkommen. Zudem gehört das im Fisch enthaltene Cholesterin zu den HD-Lipoproteinen *(High Density*, Fetteiweiße von hoher Dichte), die die Arterien reinigen und vom »bösen« Cholesterin befreien. Insbesondere sogenannte Blaufische (Kaltwasser-Meerfisch wie Hering, Makrele, Lachs, Sardelle usw.) sind reich an Dimethylaminethanol oder Dieanol, das die Herstellung des Neurotransmitters Acethylcholin begünstigt und den Schlaf-Wach-Rhythmus unterstützt (erhöhte Konzentrationsfähigkeit am Tag, erholsamer Schlaf in der Nacht). Und eine neue Entdeckung leistet einen weiteren Beitrag zum Cholesterinproblem: Kaltmeerfische enthalten besonders viele ungesättigte Omega-3-Fettsäuren, die zur Zeit als der Hauptverteidiger unseres Herzens und unserer Arterien angesehen werden.

Seit Urzeiten genießt Fisch den Ruf, er fördere die Intelligenz. Früher dachte man, dies sei auf seinen Phosphorgehalt zurückzuführen. Aber die vielen Phosphorampullen, die von wohlmeinenden Müttern ihren Sprößlingen vor Prüfungen verabreicht wurden, haben wohl keine besondere Wirkung erzielt. Die altbekannten Tugenden des Lebertrans, für viele vielleicht noch eine Kindheitserinnerung, wurden dagegen wissenschaftlich bestätigt und neue wurden entdeckt: Fisch ist offensichtlich auch gut für Herz und Hirn! Eine spezielle Nahrungsmittelergänzung für Schüler und Studenten sollte also heutzutage auch Fischöl enthalten.

Mit Vorsicht zu genießen

Fisch ist leichter verdaulich als Fleisch, aber auch leichter verderblich, und zwar aufgrund der wertvollen ungesättigten Fettsäuren, die schneller oxidieren, sprich: ranzig werden. Bei der Zubereitung verliert der Fisch im allgemeinen wenig von seinem Fett, im Gegenteil: Er neigt eher dazu, sich mit Fett vollzusaugen, wenn wir ihn in der Pfanne braten oder fritieren. Besser ist es, andere Gartechniken anzuwenden wie zum Beispiel Grillen im Backofen oder in der Folie (besser Backpapier als Alu-Folie, wegen der möglichen Aluminium-Rückstände!), vielleicht auch langsam mit Gemüse schmoren oder dämpfen ohne Fett, das man immer noch vor dem Servieren zugeben kann, beispielsweise in Form von Saucen. Besonders »hirnfreundlich« scheint Kaltmeerfisch zu sein, der erst nach dem Kochen gesalzen und mit Olivenöl und reichlich Knoblauch gewürzt wurde: Beide Zutaten sind gut für gesunde Arterien und damit auch für das Gehirn!

Fette mit ...

Fette verbinden sich leicht mit manchen anderen Substanzen und bilden so neue, komplexere Moleküle wie beispielsweise die Phospholipide, also Fette, in denen auch Phosphor enthalten ist. Die Phospholipide sind vor allem für den Aufbau der Zellmembranen verantwortlich, der Grundlage für die ungestörte Funktion wesentlicher Stoffwechselvorgänge ist. Im zentralen Nervensystem, aber vor allem im Gehirn finden wir einen besonders großen Anteil von Phospholipiden. Die Fette in den Mitochondrien, den »Energiezentren« der Zellen, bestehen zu 90 Prozent aus Phospholipiden; eins der wichtigsten davon ist das Lecithin.

Vorsicht bei gehärteten Fetten

Um Öle fest, streichfähig und besser haltbar zu machen, greift die Lebensmittelindustrie häufig zum Härtungsprozeß. Durch hohe Temperatur und hohen Druck verliert das Fettmolekül aber seine besten Eigenschaften: Es erhält zusätzliche Wasserstoffmoleküle und wird damit gesättigt. Außerdem verändert das Fettmolekül seine Struktur, die von unserem Organismus nicht mehr richtig »erkennbar«, von den Verdauungssäften schwer angreifbar ist und allgemein als gesundheitsschädigend angesehen wird.
Gehärtete Fette finden wir nicht nur in fast jeder Margarine, sondern auch in den meisten Keksen, in Cremes, Speiseeis, industriell hergestellten Torten, Saucen usw. Margarine sollte man also tunlichst meiden und im übrigen beim Einkauf von Lebensmitteln stets aufmerksam die Zusammensetzung von Fertigprodukten studieren.

Cholin, eine große Stütze fürs Gedächtnis

Um aber die Bedeutung dieser Substanzen recht zu verstehen, müssen wir einen Schritt zurückgehen zum Neurotransmitter Acetylcholin, das nicht ausschließlich aus Aminosäuren, sondern aus einer Aminosäure und Cholin aufgebaut ist. Cholin wurde 1862 von dem deutschen Forscher Streker entdeckt, aber erst ein Jahrhundert später in seiner biochemischen Wirkung verstanden. Heute wird es von manchen Fachleuten sogar den Vitaminen zugeordnet.

Cholin ist zum Beispiel im Lecithin am Aufbau der Zellmembranen beteiligt und ist unerläßlich für alle Vorgänge, die das Gedächtnis betreffen, sowohl während des Lernprozesses als auch beim Abrufen von Informationen. Cholin scheint eng mit unserem Tagesrhythmus in Verbindung zu stehen, denn der Cholinspiegel weist je nach Tageszeit starke »Berge« und »Täler« auf. Offenbar wirkt es auf unsere Aufmerksamkeit, aber auch auf die Qualität unseres Schlafes, insbesondere der Tiefschlafphase (REM-Phase).

Cholin wird in unserer Leber hergestellt und zum Teil auch mit der Nahrung zugeführt. Allerdings ist Cholin (in Form von Chlorcholin) als solches nur in kleinsten Mengen in Nahrungsmitteln enthalten. Der überwiegende Teil erreicht uns in Form von Phosphatidylcholin im Lecithin. Die Aufnahme von Cholin ist folglich sehr unterschiedlich, je nach dem persönlichen Speiseplan. Am häufigsten begegnet uns das Lecithin, das von der Lebensmittelindustrie als Emulgator für Schokolade, Backwaren, Pudding, Bonbons, sogar Margarine und viele andere Produkte sehr häufig verwendet wird. Lecithin ist auch als reiner Nahrungsmittelergänzungsstoff in Reformhäusern, Apotheken und Supermärkten erhältlich.

Die besten natürlichen Quellen für Lecithin sind Soja, Weizenkeime und Erdnüsse, außerdem Hülsenfrüchte, Getreide und Nüsse allgemein. Von tierischen Produkten ist es besonders stark im Hirn (!), in der Leber und auch in Eiern vertreten. Das Lecithin der Eier enthält vor allem die Fettsäuren Palmitinsäure, Stearinsäure und Ölsäure; das Lecithin, das aus Sojabohnen, oder besser gesagt: aus Sojaöl, gewonnen wird, ist viel reicher an Linolsäure (mit etwa 65 Prozent). Soja-Lecithin ist deshalb und aus Kostengründen das am meisten verkaufte.

Chlorcholin- und Phosphatidylcholin-Gehalt in der Nahrung (in mg/100g)

	Chlorcholin	Phosphatidylcholin
Vollmilch	5,6	6–10
Käse	—	50–100
Butter	—	150
Eier	0,4	394
Kalbsleber	650	850
Rindfleisch	—	450–650
Forelle	—	580
Spinat	4–17	6–14
Sellerie	6–13	5–8
Kohl	35–90	0,3–2
Kopfsalat	16–20	0,2
Möhren	6–13	5–8
Sojabohnen	237	1480
Weizen	—	613
Weizenkeime	—	2820
Weizenmehl, weiß	—	346
Weizenkleie	—	953
Maismehl	—	280
Erdnüsse	—	1113

(Quelle: *Nutrition and the Brain*, Bd. 5, New York 1979)

Vitamine: Nicht nur für die Intelligenz

Vitamine sind Substanzen, die unbedingt, wenn auch nur in kleinen Mengen, in unserer Nahrung vorhanden sein müssen, um die verschiedensten biochemischen Prozesse zu ermöglichen. Wer aber nach einem oder mehreren Vitaminen sucht, die »intelligenter machen«, der wird eine Entäuschung erleben. Andererseits kann ein Mangel an auch nur einem einzigen Vitamin oder ein falsches Verhältnis der verschiedenen Nahrungselemente zueinander schwere Folgen für die geistigen Fähigkeiten und die Konzentrationskraft, für das Verhalten und die Stimmung haben. Bei einigen Formen von Geisteskrankheiten konnte sogar ein enger Zusammenhang mit einem Mangel an bestimmten Vitaminen nachgewiesen werden. Man sollte folglich eine ausreichende Versorgung sichern und außerdem auf einige spezifische Symptome achten, die eventuell einen Vitaminmangel anzeigen.

Bei einigen Vitaminen wie zum Beispiel für die Typen A, C und E ist inzwischen eine wichtige spezifische Eigenschaft bekannt: Sie wirken als Antioxidanzien, d. h. diese Vitamine sind in der Lage, der zerstörerischen Arbeit von freien Radikalen entgegenzuwirken, die äußerst aggressiv auf

Körpergewebe wirken und ein vorzeitiges Altern von Körperzellen verursachen und dadurch nicht zuletzt auch die Gehirnfunktionen beeinträchtigen können.

Die Abfolge der nun folgenden Erläuterungen zur Bedeutung der einzelnen Vitamine für unser Gehirn richtet sich nicht nach ihrer Wichtigkeit, sondern nach dem Alphabet, was auch der Reihenfolge ihrer Entdeckung entspricht. (Über die spezielle Bedeutung von Vitamin D und K für das Gehirn ist bislang nichts bekannt, deshalb fehlen sie hier.)

Vitamin A

Vitamin A ist das Hautschutzvitamin und ein Bestandteil des Sehpurpurs, der die Lichtreize im Auge aufnimmt. Ein Mangel kann sich außer in Form von Nachtblindheit auch in Teilnahmslosigkeit, depressiven Stimmungen, Müdigkeit, Verlust von Appetit, Geruchs- und Geschmackssinn sowie einem allgemein geschwächten Immunsystem äußern. Bei Kindern kann es zu Verzögerungen im Wachstum, auch dem des Gehirns kommen. Der wohlbekannte Einfluß von Vitamin A auf die Sehfähigkeit ist nicht unwesentlich mit unserer Hirnfunktion verknüpft, da mehr als die Hälfte aller Informationen über unsere Umwelt das Gehirn über die Augen erreicht. Vitamin A unterstützt die Aufrechterhaltung von Zellmembranstrukturen und ist zudem unbedingt notwendig für das Immunsystem. Ein Überschuß des fettlöslichen Vitamins A kann hingegen Schläfrigkeit, Gereiztheit und Kopfschmerzen hervorrufen, während seine Vorstufe, das Betacaroten, auch in hohen Gaben nicht toxisch ist.

Vitamin B

Die wasserlöslichen Vitamine der B-Gruppe sind wahrscheinlich die wichtigsten für das Gehirn. Sie arbeiten synergistisch, d. h. im Zusammenspiel mit allen Vitaminen dieser Gruppe, weshalb die Einnahme eines einzelnen Vitamins der B-Gruppe allein nicht ratsam ist. Aber Nahrungsmittel und natürliche Nahrungsmittelergänzungen, die reich an einem bestimmten Vitamin B sind, enthalten im allgemeinen auch ausreichende Mengen der anderen Typen.

Vitamin B_1

Vitamin B_1 oder Thiamin ist unentbehrlich, weil nur unter seiner Mitwirkung das Gehirn seinen einzigen »Brennstoff«, die Glucose, verwerten kann; neuerdings hält man es auch für ein besonders wirksames Antioxidans. Das »Nervenkostüm« reagiert auf einen Mangel an diesem Vitamin sehr empfindlich: Müdigkeit, Depression, Gereiztheit, Gedächtnislücken, Schlafstörungen, Verwirrungszustände, Verhaltensstörungen und Appetitlosigkeit können die Folge sein.

Vitamin B_2-Komplex

Zu dieser Gruppe gehören mehrere Vitamine: Riboflavin, Niacin, Folsäure und Pantothensäure.

Riboflavin

Das Gehirn ist Dauerkunde für Riboflavin (oder Lactoflavin), denn hier liegt es in besonders hoher Konzentration vor, vielleicht als eine Art Vorrat für mögliche Mangelzeiten. Riboflavin hat unter anderem eine starke Antistreß-Wirkung und trägt zum guten Zustand des Myelins bei, das viele Nervenbahnen umhüllt und eine schnelle Weiterleitung der Nervenimpulse sicherstellt. B_2-Mangel bei Kleinkindern verzögert das Wachstum des Gehirns wie des restlichen Körpers und kann Verhaltensstörungen hervorrufen.

Folsäure

Die sogenannte Folsäure (Vitamin M) ist notwendig für die Bildung von roten Blutkörperchen, beim Eiweißstoffwechsel, bei der Verwertung von Kohlenhydraten sowie für die Produktion von Molekülen der Erbsubstanz, DNS und RNS. Insofern ist es auch für das Gehirn von wesentlicher Bedeutung, wo es offenbar insbesondere bei Gedächtnisprozessen mitwirkt. Ein Mangel kann zu Teilnahmslosigkeit, Gereiztheit, psychischen und Gedächtnisstörungen, Verlangsamung der Denkvorgänge und Schlafstörungen führen.

Pantothensäure

Dieses Vitamin nimmt als wesentlicher Baustein an vielen lebenswichtigen Stoffwechselvorgängen teil, spielt eine wichtige Rolle beim Fettsäure-Stoffwechsel und somit indirekt natürlich auch für die Arbeit des Gehirns. Es wirkt als Antioxidans und erhöht die Ausdauer. Ein Mangel an Pantothensäure äußert sich in allgemeiner Schlaffheit, Übelkeit und Kopfschmerzen.

Niacin

Unter den zahlreichen biochemischen Reaktionen, die nicht ohne die Gegenwart von Niacin (Nicotinamid, Nicotinsäure) ablaufen, ist der Aufbau von roten Blutkörperchen besonders wichtig, weil sie für den Sauerstofftransport und folglich für die Ernährung des Gehirns verantwortlich sind. Niacin ist entscheidend am Energiestoffwechsel beteiligt, hat offenbar entgiftende Eigenschaften und vermag vor allem das Gedächtnis zu verbessern.

Unser Körper besorgt sich Niacin direkt aus der Nahrung und benutzt die Aminosäure Tryptophan als Vorstufe, das ja auch ein Vorläufer des Neurotransmitters Serotonin ist, der eine beruhigende Wirkung hat. Auch die Einnahme von Niacin als Nahrungsmittelergänzung kann beruhigend wirken und sogar Schläfrigkeit hervorrufen. Solche diätetischen Ergänzungsstoffe sollte man aber nie auf nüchternen Magen einnehmen und am Anfang nur in kleinsten Dosen, weil sie lästige, wenn auch unschädliche Nebenwirkungen wie zum Beispiel Hautrötungen und Juckreiz sowie Hitzewallungen hervorrufen können. Ein Mangel an Niacin kann dagegen schwere psychische Störungen, Nervosität, Übermüdung, mangelnde Konzentrationsfähigkeit, schroffe Stimmungswechsel sowie Schlaflosigkeit hervorrufen.

Biotin

Biotin (Vitamin H), auch ein Vitamin der B-Gruppe, ist zur Herstellung von Fettsäuren, für den Nahrungsstoffwechsel sowie für die Verwertung der anderen Vitamine der B-Gruppe notwendig. Es wird durch Albumen (bei rohem Verzehr) zerstört. Ein Biotinmangel kann Nervosität, Depressionen, Schlaflosigkeit, Müdigkeit, Appetitlosigkeit, Halluzinationen und vermehrte Schmerzempfindlichkeit hervorrufen.

Vitamin B_6

Vitamin B_6 (Pyridoxin) reguliert den Zellstoffwechsel, unter anderem auch im Nervensystem. Einige Neurotransmitter wie Serotonin, Dopamin und Norepinefrin können nur unter Mithilfe von Pyridoxin produziert werden. Es hat anscheinend eine beruhigende Wirkung und sorgt für einen guten Schlaf und ein gutes Erwachen.

Da Pyridoxin notwendig ist für den Umsatz von Aminosäuren im Eiweißstoffwechsel, haben große Fleischesser einen höheren Pyridoxinbedarf als andere Leute. Ein Mangel kann Depressionen, Verwirrungszustände, ein schwaches Gedächtnis, Gereiztheit, unvermutete Stimmungswechsel, Müdigkeit, Konzentrationsschwäche und bei Kindern Krämpfe auslösen. Übermäßige Dosen von reinem Pyridoxin können jedoch ähnliche Symptome hervorrufen, zum Beispiel Zittern und Gefühllosigkeit.

Vitamin B_{12}

Vitamin B_{12} (Cobalamin) ist unentbehrlich für ein normales Wachstum, Gesundheit und Langlebigkeit unseres Nervensystems, für den Stoffwechsel und für die Bildung der roten Blutkörperchen. Es scheint auch bei Lernprozessen von Bedeutung zu sein. Ein Mangel kann zu schwerer Blutarmut (perniziöser Anämie) führen und letztendlich zu Schäden am Gehirn und Nervensystem, zu Gleichgewichtsstörungen, Taubheit, Schwächezuständen, Depressionen und Verfolgungswahn.

Vitamin C

Das wasserlösliche Vitamin C (Ascorbinsäure) ist ein hervorragendes Antioxidans und begünstigt die Herstellung von Neurotransmittern, insbesondere von Noradrenalin und Adrenalin und deren Vorläufern. Es ist also offensichtlich mit Prozessen verbunden, die Wachsein erfordern. Die Anhäufung von Vitamin C im Gehirn ist insbesondere in den synaptischen Bläschen bemerkenswert. Einige Autoren sind überzeugt, daß der Vitamin-C-Gehalt im Gehirn in engem Zusammenhang mit dem Intelligenzquotienten steht.

Vitamin C übt auch entgiftende Funktion aus. So ist es beispielsweise ein Antagonist von Blei, einem für uns giftigen Metall. Außerdem ist es ganz besonders für Raucher wichtig, die einen erhöhten Bedarf an Vitamin C haben. Reichliche Vitamin-C-Dosen scheinen auch beim Überwinden von Entzugserscheinungen zu helfen.

Vitamin E

Von diesem fettlöslichen Vitamin (Tocopherol) werden ständig neue Tugenden entdeckt: Unter anderem ist es ein Antioxidans und verlangsamt als solches die degenerativen Vorgänge im Gehirn. Darüber hinaus schützt es die Prostaglandine und ihre Vorläufer vor Oxidation und stärkt die Zellmembranen. Mangelerscheinungen können Muskel- und Nervenschädigungen hervorrufen und zur Oxidation der Fettsäuren führen, beschleunigen also den Alterungsprozeß.

Vorsicht, Tabellen!

Häufig treffen Sie auf Tabellen mit Angaben über den Vitamin- und Nährstoffgehalt in den verschiedenen Nahrungsmitteln, auch in diesem Buch. Solche Informationen sind sicherlich nützlich, um Ihnen die Speisen oder Nahrungsmittelergänzungen aufzuzeigen, in denen Sie den größten Gehalt einer bestimmten Substanz finden. Allerdings können die Angaben verschiedener Tabellen voneinander abweichen, denn

- der Vitamin- und Mineralstoffgehalt von Nahrungsmitteln ist in Abhängigkeit von Anbaumethoden Schwankungen unterworfen: Pflanzen aus kontrolliertem Anbau sind viel reicher an diesen Nährstoffen als Obst und Gemüse aus dem Treibhaus;

- durch lange Lagerungszeiten oder weite Transporte reduziert sich der Nährstoffgehalt;
- die Werte in solchen Tabellen beziehen sich manchmal auf das rohe Nahrungsmittel, manchmal auf das gekochte. Die persönliche Art, Nahrungsmittel zu lagern, zu putzen, zu waschen und zu kochen, kann den Nährwert drastisch beeinflussen. Insbesondere Konserven und Fertiggerichte sind aufgrund von langem und starkem Erhitzen stark in Mitleidenschaft gezogen.

Die Vitamine, ihre Quelle und ihre Funktion

Vitamin	Quelle	Auswirkungen auf
A (Retinol)	Eier, Gemüse, Obst, Milch, Milchprodukte, Lebertran	Wachstum; Gesundheit von Augen und Haut; Infektionsschutz
B_1 (Thiamin)	Fleisch, Milch, Bierhefe, Brot, Kartoffeln, Hülsenfrüchte, Eier	Wachstum, Verdauung, Nerven, Energiestoffwechsel
B_2 (Riboflavin, Lactoflavin)	Leber, Bierhefe, Eier, Fisch	Wachstum, Verdauung, Augen, Haut, Schleimhäute, Nervensystem
Niacin	Fleisch, Fisch, Leber, Reis (Vollkorn), Brot, Bierhefe, Hülsenfrüchte	Verdauung, Haut, Energiestoffwechsel
C (Ascorbinsäure)	Obst, Gemüse, Citrusfrüchte	insbesondere Wachstum, Schleimhäute, Blutgefäße, Infektionsschutz
D (Calciferol)	Milch, Milchprodukte, Leber, Fisch	Wachstum, Knochenbau, Zähne
E (Tocopherol)	Milch, Milchprodukte, Leber, Eier, Öle (Weizenkeim, Mais), Erbsen, dicke Bohnen, Getreide	Entwicklung, Herz, Fruchtbarkeit
K (Phyllochinon, Menachinone)	Gemüse, Soja	Blutgerinnung

(Die Angaben beziehen sich auf frische, nicht denaturierte Produkte.)

Nicht zu unterschätzen: Mineralstoffe und Spurenelemente

Mineralstoffe und Spurenelemente, zu denen auch einige Metalle gehören, sind in einem ausgewogenen Gleichgewicht absolut lebensnotwendig, wenn auch in kleinen Mengen. Als Spurenelemente (Oligoelemente, griech. *oligos* = wenig) bezeichnet man jene Stoffe, die der Körper nur in kleinsten Mengen, in Spuren benötigt. Es gibt keinen Mineralstoff, der alleine ausreichen würde, um unseren Intelligenzquotienten anzuheben. Allerdings kann ein Mangel oder ein Ungleichgewicht für die Hirnfunktion ein ernstzunehmendes Risiko sein.

Calcium

Calcium ist unentbehrlich, weil unser Skelett aus Kalk (Calciumcarbonat) aufgebaut ist, aber es ist auch an der Weiterleitung von Nervenimpulsen beteiligt. Die richtige Menge Calcium hebt die Stimmung, während ein Übermaß (erreichbar nur durch Einnahme von Konzentraten) den Gemütszustand verschlechtern und die Nerventätigkeit einschränken kann.

Chrom

Chrom spielt beim Insulinstoffwechsel eine Rolle und trägt folglich mit zur Regulierung des Blutzuckerspiegels bei, der ja die Hirnfunktion maßgeblich beeinflußt. Mangelerscheinungen können Konzentrationsschwierigkeiten und Gedächtnislücken, Stimmungsschwankungen und eine allgemeine Müdigkeit sein.

Eisen

Ein englischer Kinderarzt meinte im *British Medical Journal*, daß »Eisen unendlich viele Kinder glücklich machen könnte«, denn es hat einen direkten Einfluß auf die Arbeit des Gehirns. Gibt man Kindern mit Mangelerscheinungen zusätzlich Eisen, verbessert sich ihr Gemütszustand und ihr Lernvermögen. Eine mögliche Erklärung: Eisen ist ein wesentlicher Bestandteil des Blutfarbstoffs Hämoglobin und hat daher mit dem Sauerstofftransport zum Gehirn zu tun. Eisenmangel kann Schwäche und Niedergeschlagenheit verursachen.

Phosphor

Phosphor trägt zur Energieerzeugung in den Zellen, auch Gehirnzellen, bei und ist außerdem notwendig bei der Nachrichtenübertragung im Gehirn. Von besonderer Bedeutung ist die Phosphorsäure, die beispielsweise in Verbindung mit Lipiden als Phospholipidverbindung am Zellwandaufbau maßgeblich beteiligt ist (siehe Seite 37). Ein Mangel an Phosphor im Körper kann zu Nervenstörungen und Müdigkeit führen.

Jod

Seit langer Zeit weiß man schon, daß Jodmangel eine Schilddrüsenunterfunktion bewirkt und zu Kretinismus und Kropfbildung (früher vor allem in Bergregionen) führen kann. Dazu kommen häufig aber auch andere Stoffwechselstörungen, die zu Verwirrung, Übergewicht, Abgeschlagenheit und Depression führen können. Heute nimmt man an, daß jodhaltige Speisen wie Fisch, Algen und Schalentiere (insbesondere Austern und Hummer) ihren Ruhm als Aphrodisiaka tatsächlich ihrem Jodgehalt verdanken.

Magnesium

Magnesium ist unter anderem an der Weiterleitung der Nervenimpulse beteiligt und garantiert eine schnelle Übermittlung der Informationen im Gehirn. Darüber hinaus ist es auch wichtig für die Umwandlung von Blutzucker in Energie. Magnesium ist ein natürliches Beruhigungsmittel, ein Mangel kann Nervosität, Gereiztheit, Depression und Schlaflosigkeit hervorrufen.

Kalium

Auch Kalium spielt bei der Übertragung von Botschaften unter Nervenzellen eine wichtige Rolle. Mangelerscheinungen können Schwächegefühl, Verwirrung, abgehackte, unzusammenhängende Gedankenfolgen und Appetitlosigkeit sein.

Kupfer

Kupfer ist wichtig für Produktion von Nervenfasern, roten Blutkörperchen sowie der Aminosäure Tyrosin, die die Vorstufe der Neurotransmitter Dopamin, Noradrenalin und Adrenalin ist.

Selen

Dieses Spurenelement wird vor allem als Antioxidans geschätzt, das die Zellen des gesamten Körpers vor dem Angriff der freien Radikale schützt (siehe Seite 83). In den USA hat man bei Menschen, die an Selenmangel leiden, eine höhere Krebshäufigkeit entdeckt. Allerdings sollte man zusätzliche Selenmengen über die normale Ernährung hinaus nur unter medizinischer Kontrolle

Die wichtigsten Mineralstoffe und Spurenelemente, ihre Quelle und ihre Funktion

Stoff	Quelle	Auswirkungen auf
Calcium	Spinat, Milch, Käse, Yoghurt, Sesamkörner, Fisch, Getreide	Herztätigkeit, Muskulatur, Nervensystem; Aufbau von Knochen und Zähnen; Blutgerinnung, Enzymtätigkeit, schlaffördernd
Chlor	Algen, Salz, Oliven	Flüssigkeitshaushalt, Verdauung
Chrom	Leber, Schalentiere, Hefe, Käse	Blutzuckerspiegel, Aufbau von Stoffwechselenzymen
Eisen	Dunkelgrüne Gemüse, Geflügel, Hülsenfrüchte, Getreide, Fleisch, Weizenkeime	Wachstum, Eiweißstoffwechsel, Sauerstofftransport
Fluor	Reis, Muscheln, Zwiebeln, Salat, Tee, Kaffee	Knochen- und Zahnstruktur
Phosphor	Vollkorngetreide, Nüsse, Samen, Eier	Knochenbau, Herz- und Nierenfunktion, Nervenimpulse, Co-Vitamin
Jod	Fische, Algen; Obst und Gemüse (falls Boden jodhaltig)	Schilddrüsenfunktion und damit Stoffwechsel, Wachstum, Energie
Magnesium	Gemüse, Vollkorngetreide	Eiweißstoffwechsel, Zelltätigkeit, Muskulatur, Nervensystem
Mangan	Breitblättriges Gemüse, Eigelb, Vollkorngetreide, Nüsse	Enzymaktivator; Kohlenhydrat- und Fettstoffwechsel; Geschlechtshormone, Wachstum
Kalium	Obst, Gemüse, Milch, Muscheln, Hülsenfrüchte	Herzmuskeltätigkeit, Nieren, Nervensystem, Blutkreislauf
Kupfer	Hülsenfrüchte, Vollkornweizen, Leber, Muscheln	Cofaktor roter Blutkörperchen und vieler Enzyme; Verwertung von Vitamin C und Eisen
Schwefel	Hülsenfrüchte, Kohl, Knoblauch, Ei, mageres Fleisch, Fisch	Haare, Nägel, Haut; Hirntätigkeit; fördert Gallenproduktion
Selen	Gemüse, Zwiebeln, Knoblauch, Hefe, Schalentiere, Getreide, Weizenkeime, Butter	Geschlechtshormone, Gewebeelastizität, Leberfunktion; beugt Herzkrankheiten vor
Natrium	Kochsalz, Gemüse	Flüssigkeitshaushalt, Muskulatur und Nervensystem
Zink	Hülsenfrüchte, Vollkorngetreide, Nüsse, Austern, Fleisch	Lebenswichtige Enzyme, Wundheilung, Wachstum, Insulinfunktion, Leberfunktion

einnehmen, weil Überdosierungen zu Vergiftungserscheinungen führen können.

Natrium

Zusammen mit Kalium stellt Natrium eine Art Batterie dar: Ihre unterschiedlichen Konzentrationen bauen ein elektrisches Gefälle zwischen dem Zellinneren und Zelläußeren auf. Über die Spannungsänderungen der Zellwand werden Signale weitergeleitet. Ein Überschuß an Natrium (wie in fast allen industriell hergestellten Lebensmitteln), kann außer den wohlbekannten Bluthochdruck- und Nierenstörungen auch Reizbarkeit oder Depressionen hervorrufen.

Zink

Man nimmt an, daß Zink grundsätzlich wichtig für Lernvorgänge ist, denn es ist offenbar der Schlüssel zu den biochemischen Verbindungen zwischen den einzelnen Hirnzellen. Außerdem schützt Zink das Gehirn anscheinend gegen Schädigungen verschiedenster Ursache. Man weiß sicher, daß Zink die Tätigkeit von ungefähr hundert Enzymen unterstützt und wichtig ist für unseren Geruchs- und Geschmackssinn. Zinkmangel kann Appetitlosigkeit, Verwirrung, Ermüdung, Reizbarkeit oder Apathie hervorrufen.

Gleichgewicht der Mineralstoffe

Jeder Nährstoff muß in hinreichender Menge und im angemessenen Verhältnis zu den anderen aufgenommen werden. Unter den Mineralstoffen besteht ein komplexes Zusammenspiel von Synergismen und Antagonismen: Ein harmonischer Ablauf gewährleistet eine gute Gesundheit, während auch verhältnismäßig kleine Störungen des Gleichgewichts Auswirkungen haben können, die sich – möglicherweise erst langfristig – als äußerst schädlich herausstellen.

Mit einem Mineralogramm, das auf der spezifischen Untersuchung einer Haarsträhne beruht, lassen sich der Zustand des eigenen Mineralstoffhaushalts und mögliche Vergiftungen feststellen. Liegen Störungen vor, kann man in der Regel innerhalb von drei Monaten mit Hilfe von Vitaminen und Mineralien in Form von Nahrungsmittelergänzungen den Stoffwechsel verbessern und Vergiftungserscheinungen beseitigen.

Wenn sie giftig werden

Alle Mineralstoffe und Spurenelemente können toxisch für uns sein, wenn eine bestimmte Menge überschritten wird. Einige Metalle, die sogenannten Schwermetalle, sind ausgesprochen giftig für unseren Organismus und können geradezu zerstörerisch auf unser Gehirn wirken. Deshalb sollte man sie kennen, um sich weitgehend schützen zu können.

Aluminium

Im Gehirn von Patienten, die an der Alzheimer-Krankheit (Symptome: Zerstörung der Nervenzellen in der Hirnrinde, Gedächtnisschwund, Verwirrung bis zu Halluzinationen) starben, sind in der Regel relativ hohe Aluminiumrückstände zu finden. Wenn auch bisher die Ursachen und Zusammenhänge dieser Krankheit nicht ganz aufgeklärt sind, so weiß man doch, daß dieses Metall eine gefährliche »cross-linking-Substanz« ist, die auch unerwünschte molekulare Querverbindungen herstellt und ähnlich aggressiv wie die freien Radikale ist. Von Aluminium besetzte Moleküle können sich nicht mehr an Wasser, Sauerstoff oder Nährstoffe binden.

Also: Vorsicht bei der Benutzung von Alufolie und Alubehältern (nie mit scharfen Gegenständen auskratzen): Kochen in Töpfen aus Aluminium und vor allem die Aufbewahrung von stark sauren oder stark basischen Speisen wie zum Beispiel Obst, Tomaten etc. in Alubehältern vermeiden; bei der Auswahl von Deo-Sprays auf die Verpackung achten, denn Aluminium wird anscheinend auch über die Nasenschleimhäute aufgenommen. Sogar einige Arzneimittel, zum Beispiel gegen Magensäureüberschuß, enthalten Aluminium.

Cadmium

Cadmium ist ein giftiges Schwermetall, das die Lernfähigkeit senken und Verhaltensstörungen verursachen kann.

Quecksilber

Eine Quecksilbervergiftung kann eine Hirnerkrankung, Kopfschmerzen und chronische Müdigkeit, Stimmungsschwankungen, Gedächtnis-, Konzentrations- und Schlafstörungen hervorrufen. Fisch ist hierzulande selten mit Quecksilber verseucht, doch vorsichtshalber sollte man Fisch von Küsten, in deren Wasser Industrieabwässer eingeleitet werden, meiden und dann eher Hochseefisch bevorzugen. Eine gefährliche und allgegenwärtige Quecksilberquelle sind Zahnfüllungen aus Amalgam.

Blei

Der Saturnismus, eine durch übermäßige Bleiablagerung im Körper verursachte Krankheit, ist bereits seit dem Altertum bekannt. Heute sind Bleivergiftungen über die Nahrung (z. B. durch Porzellan- und Tondekorationen) seltener, doch dafür enthält die Luft durch den Straßenverkehr zum Teil enorme Mengen von Blei. Das Gehirn reagiert darauf häufig mit Gedächtnisverlust, verminderter Unterscheidungsfähigkeit und Depressionen.

Nahrungsmittel, die es in sich haben: Früchte, Heilpflanzen, Kräuter und Gewürze

Manche Nahrungsmittel sind wahre Schatzkammern an nützlichen Stoffen für das Gehirn, zum Beispiel die Gewürzkräuter: Obwohl sie nur in kleinen Mengen benutzt werden, wirken sie geradezu als »Zündschnüre« für den Geist. Einige dieser Pflanzen sind uns schon seit langem als »Jungbrunnen« für Geistesblitze bekannt, andere sind erst in jüngster Zeit durch die Wissenschaft oder rein zufällig ins Rampenlicht getreten. Naturstoffe haben – im Gegensatz zu synthetischen Mitteln – oft eine vielschichtige Wirkung, die aber nur scheinbare Widersprüche beinhaltet. Die folgende Aufzählung hat keinen Anspruch auf Vollständigkeit, gibt aber sicher einige nützliche Hinweise, die vielleicht nicht jedem bekannt sind.

Mit Kräutern auf den Geschmack kommen

Der reiche Gebrauch von Gewürzkräutern bringt etliche Vorteile mit sich: Man kann dadurch vielfach den Salzkonsum einschränken, was Blutdruck, Nieren und dem allgemeinen Wohlbefinden zuträglich ist. Sie wirken anregend auf das Nervensystem und die Gehirntätigkeit und »schärfen« den Geschmacks- und Geruchssinn.

Ananas *(Ananas sativus)*
Aufgrund seines Tryptophangehalts wirkt Ananas beruhigend und entspannend.

Angelika *(Angelica archangelica)*
Angelika als Tee oder in Kuchen hat eine anregende und krampflösende Wirkung. Es beruhigt die Nerven und fördert das Schlafvermögen selbst bei Angstzuständen.

Anis *(Pimpinella anisum)*
Dank der Wirkstoffe Anethol und Methylchavicol wirkt Anis beruhigend, entspannend und schmerzstillend. Er ist als Tee, in Salaten, Kohlgemüsen, Brot und Gewürzkuchen besonders zur Nachtruhe geeignet.

Bärlauch *(Allium ursinum)*
Wer den Geruch von Knoblauch nicht mag, der auch dem Bärlauch anhaftet, der kann die Wirkstoffe in Form von Saft zu sich nehmen. Bärlauch fördert die Durchblutung, wirkt gegen Arteriosklerose und Bluthochdruck, die ja vor allem in vorschreitendem Alter Probleme bereiten.

Baldrian *(Valeriana officinalis)*
Weit bekannt ist seine beruhigende Wirkung. Besonders wirksam ist der frische Saft bei nervöser Erschöpfung, Kopfschmerzen, Nervosität.

Banane
(Musa paradisiaca, Musa sapientum)
Wie einer der botanischen Namen bereits besagt, wird die Banane vielerorts als ideale Speise für Denker angesehen. In jedem Fall stimmt die weitverbreitete Ansicht, daß Bananen »glücklich« machen, denn sie enthalten viel Serotonin. Wer viele Bananen ißt, kann deshalb aber auch schläfrig werden.

Basilikum *(Ocimum basilicum)*
Nützlich bei geistiger Übermüdung und bei Krämpfen. Wirkt daneben auch antiseptisch und krampflösend.

Bohnenkraut *(Satureja hortensis)*
Nützlich bei Schwäche und Erschöpfung, zum Beispiel nach vielen Stunden geistiger Arbeit. Bohnenkraut als Tee oder Gewürz wirkt anregend und – nach Volksmeinung – auch aphrodisierend.

Borretsch *(Borago officinalis)*
Das aus den Samen gewonnene Öl (in Kapseln oder Tablettenform) ist äußerst reich an Gamma-Linolensäure, dem Vorläufer von Prostaglandinen. Es unterstützt die Konzentrations- und Widerstandsfähigkeit bei geistiger Anstrengung, wirkt anregend und antidepressiv.

Damiana
(Turnera diffusa var. aphrodisiaca)
Aus den Blättern der Pflanze gewinnt man in Mexiko die Droge Damiana, die nicht nur als Herztonikum dient, sondern auch stärkend und anregend auf das Nervensystem wirkt und insbesondere bei körperlicher und geistiger Erschöpfung hilft.

Dill *(Anethum graveolens)*
Dill wirkt beruhigend und ist gegen Schlaflosigkeit sehr wirkungsvoll.

Eleuterococcus
(Eleuterococcus senticosus)
– auch sibirischer Ginseng genannt. Seine Wurzel ist reich an Glukosiden und hat eine anregende Wirkung auf das zentrale Nervensystem. Dieser Ginseng bekämpft Ermüdungserscheinungen und stärkt die Konzentrations- und Widerstandsfähigkeit in Streßsituationen.

Eisenkraut *(Verbena officinalis)*
Eisenkraut wirkt grundsätzlich beruhigend, krampflösend und antidepressiv, in größeren Mengen allerdings – wie einige andere Pflanzen auch – anregend.

Fenchel *(Foeniculum vulgare)*
Alle Teile der Pflanze, insbesondere aber die Samen, wirken beruhigend.

Gewürznelken *(Syzygium aromaticum)*
Aufgrund der leicht entspannenden, schmerzstillenden und krampflösenden Wirkung ist der Einsatz von Gewürznelken besonders nützlich bei Übermüdung, Apathie und Kopfschmerzen.

Ginkgo *(Gingko biloba)*
Der Extrakt aus Ginkgoblättern verbessert die Durchblutung des Gehirns, steigert die Qualität der Signalübermittlung zwischen den Nervenzellen. Darüber hinaus verbessert er die Fähigkeit des Gehirns, Glucose in Energie umzuwandeln und wirkt als Antioxidans. Aufgrund dessen ist Ginkgo besonders wirkungsvoll bei »Blackouts«, Schwindelgefühlen, Gedächtnisstörungen und mangelnder Aufmerksamkeit.

Ginseng *(Panax ginseng)*
Ginseng erhöht die Widerstandsfähigkeit gegen Streß, verbessert die allgemeine Hirntätigkeit, die Konzentrationsfähigkeit, Aufnahmefähigkeit und das Gedächtnis. Dieses Antioxidans wirkt anregend und sollte daher mindestens vier bis fünf Stunden vor dem Schlafengehen eingenommen werden. Ginseng gibt es als ganze Wurzel, in Pulverform, als Sirup oder Kapseln usw.

Gotu-Kola
(Hydrocotyle asiatica minor)

Im Gotu-Kola (als Tee oder Kapseln) haben englische und französische Forscher eine besondere Zusammensetzung gefunden, die die Hirnzellen sowie die endokrinen Drüsen wie zum Beispiel die Schilddrüse verjüngt und belebt.

Hafer *(Avena sativa)*

Haferflocken (in ganzen oder aufgespaltenen Körnern) kräftigt, regt an und hilft daher bei Erschöpfung, Übermüdung und Konzentrationsschwierigkeiten. Hafer wirkt durchblutungsfördernd und cholesterinsenkend.

Heckenrose *(Rosa canina)*

Die besonders Vitamin-C-reichen Früchte der wilden Rosen wirken stärkend und anregend und bekämpfen Erschöpfung und allgemeine Müdigkeit, ob als Tee, »Wein«, Sirup, Marmelade oder auch als Kautabletten.

Heidelbeere *(Vaccinium myrtillus)*

Heidelbeeren stärken die Gefäßwände und verbessern die Durchblutung insbesondere des Gehirns. Vermutlich unterstützen sie hier besonders die Nachrichtenübertragung.

Hopfen *(Humulus lupulus)*

Die Bierzutat wirkt beruhigend und einschläfernd, sogar leicht narkotisch und sollte deshalb bei Depressionen vermieden werden.

Ingwer *(Zingiber officinale)*

Ingwer ist einer der vielseitigsten Wirkstoffe: Er wirkt gerinnungshemmend, stabilisiert die Blutzusammensetzung, beugt Arteriosklerose vor, senkt den Cholesterinspiegel und hilft gegen Reise- und Seekrankheit. Nach neueren Erkenntnissen beruht die Wirksamkeit gegen Reisebeschwerden auf der Beeinflussung des Gehirns und nicht des Magens. Eine reichliche Messerspitze voll vor Reiseantritt hilft bereits. Ingwer wirkt entspannend und – nach Volksglauben – auch anregend auf die schöpferische Phantasie.

Johannisbeeren, schwarz
(Ribes nigrum)

Die hier enthaltenen Antizyanide begünstigen die Durchlässigkeit der Blutkapillaren und wirken ihrer Brüchigkeit entgegen und schützen das Gehirn vor allem in fortgeschrittenem Alter.

Johanniskraut *(Hypericum perforatum)*
Der frische Saft des sogenannten Tüpfel-Hartheus unterstützt das Nervensystem vor allem bei Übermüdung, Erschöpfung und nach großen Anstrengungen.

Kamille *(Anthemis nobilis)*
Seit langem ist Kamille als beruhigende Substanz gegen Nervosität und Schlaflosigkeit bekannt.

Kartoffeln *(Solanum tuberosum)*
Wie alle Nachtschattengewächse (auch Aubergine, Paprika, Tomate) wirken Kartoffeln beruhigend und je nach Menge sogar einschläfernd.

Kawa-Kawa *(Piper methysticum)*
Die Wurzel dieser polynesischen Pflanze ist nützlich gegen Streß, Niedergeschlagenheit, Depression und Angstgefühle. Der Wirkstoff Kavapyron mindert die Reizbarkeit, erhöht aber die Konzentrationsfähigkeit; er beruhigt, macht aber nicht schläfrig.

Kohl *(Brassica oleracea)*
Die verschiedenen Formen des Kohls verlangsamen die Schilddrüsentätigkeit und sind daher nützlich gegen Nervosität, Erregungszustände und andere Symptome von Überfunktion dieser Drüse. Bei einer Schilddrüsenunterfunktion sollte man den Verzehr allerdings einschränken.

Kopfsalat *(Lactuca sativa)*
Das frische Grün wirkt beruhigend, harmonisierend und gleichzeitig euphorisierend.

Koriander *(Coriandrum sativum)*
Laut Volksmedizin unterstützt das Gewürz intensiv das Gedächtnis und wirkt als Aphrodisiakum. In jedem Fall regt es die Durchblutung an.

Kümmel *(Carvum carvi)*
Althergebracht bekämpft man mit Kümmel Schwindelanfälle, was auf eine Wirkung auf das Nervensystem schließen läßt. Die Wirkstoffe Carvon, Carvol und Limonen haben anregenden Charakter. Kümmel schmeckt gut in Brot und Suppen, zu Kohl und Kartoffeln.

Knoblauch *(Allium sativa)*
Die Tugenden dieser Knolle sind so groß und so vielseitig, daß man allein mit seinen Qualitäten für das Gehirn ganze Seiten füllen könnte. Hier also nur die wichtigsten: »Knofel« wirkt Thrombose und Arteriosklerose entgegen und ist folglich für die Sauerstoffversorgung des Gehirns wichtig. Er ist ein natürliches Antibiotikum und Antioxidans. Nach neueren Untersuchun-

gen darf man sogar annehmen, daß ein Wirkstoff des Knoblauchs unmittelbar auf das Gehirn wirkt.

Linde *(Tilia europea)*

Ein Lindenblütentee wirkt beruhigend und krampflösend. Nervosität, Erregbarkeit, Schlaflosigkeit, Melancholie und Angstzustände und auch Kopfschmerzen werden gemildert.

Majoran *(Origanum majoranum)*

Das schmackhafte Gewürz wirkt ausgleichend auf das Nervensystem und damit beruhigend und krampflösend bei Schlaflosigkeit und Migräne.

Meeralgen

Ihr Jodgehalt unterstützt die Schilddrüsenfunktion und kann folglich helfen, chronische Müdigkeit und Erschöpfung zu überwinden.

Melisse *(Melissa officinalis)*

Melisse wirkt sowohl beruhigend als auch anregend und hilft bei Angstzuständen, Erregung, Melancholie. Wahrscheinlich hat sie auch eine gedächtnis- und konzentrationsfördernde Wirkung auf das Gehirn.

Minze *(Mentha piperita)*

Möglichst als Salatwürze eingesetzt oder als Essenz gerochen wirkt Minze entspannend, krampflösend und schmerzstillend, aber auch leicht anregend auf das Gehirn

Mohn *(Papaver somniferum)*

Die Samen des orientalischen Schlafmohns haben eine beruhigende, in hohen Dosen sogar betäubende Wirkung. Aber keine Angst: Auf dem Frühstücksbrötchen wirken die Körner nur leicht entspannend und noch nicht einschläfernd.

Muira Puama *(Ptycopetalum olacoides)*

Die Rinde der Zweige und die Wurzeln dieser Pflanze aus dem Amazonasgebiet wirken anregend und nervenstärkend. Man bekämpft damit geistige Ermüdung sehr wirkungsvoll.

Muskatnuß *(Myristica fragrans)*

Das leckere Gewürz zum Beispiel in Soßen wirkt anregend oder sogar euphorisierend, kann aber in großen Mengen auch Halluzinationen hervorrufen. Deshalb sollten Sie Muskat nur in kleinsten Mengen benutzen und das mildere Macis, die Samenhülle der Nuß, vorziehen.

Nachtkerze *(Oenothera biennis)*
Nachtkerzensamen sind äußerst reich an Gamma-Linolensäure, dem Vorläufer von Prostaglandinen, also sehr wichtig für viele Hirnfunktionen. Die Wirkstoffe (auch in Gelatinekapseln) verzögern Alterungsprozesse und halten das Gehirn fit.

Paprika *(Capsicum annuum)*
Auch dieses Nachtschattengewächs ist vielseitig in seiner Wirkungsweise: leicht anregend, antioxidativ, antithrombotisch, desinfizierend, schmerzstillend, durchblutungsfördernd. Es wirkt ausgleichend auf den Blutdruck, stärkt die Arterien und senkt den Cholesterinspiegel. Anscheinend hat es auch eine euphorisierende Wirkung: Offenbar genügt die Berührung mit der Zunge, um im Gehirn zur Ausschüttung von Endorphinen zu führen, was auch die schmerzstillende Wirkung erklären würde.

Passionsblume
(Passiflora incarnata)
Als Tee, in Tabletten- oder Kapselform sind die Wirkstoffe aus Blättern und Stielen der Passionsblume angenehm beruhigend.

Petersilie
(Petroselinum crispum)
Dank des Gehalts an Apiol ist Petersilie als »Beruhigungsmittel« nützlich bei Depressionen und Übermüdung. Man kann sie auch als Tee zu sich nehmen, der aber stärker wirkt und deshalb während der Schwangerschaft vermieden werden sollte.

Pfeffer *(Piper nigrum)*
Myristin und Piperin, beide im Pfeffer enthalten, wirken anregend. Frisch gemahlen oder sogar als frische ganze Körner ist der Pfeffer besonders wirkungsvoll.

Rosmarin
(Rosmarinus officinalis)
Die Blüten und Blätter als Tee oder Gewürz wirken anregend, stärkend und sind deshalb nützlich bei Erschöpfung und Schwindelanfällen, Migräne und Herzklopfen. Außerdem stärkt Rosmarin das Gedächtnis.

Safran *(Crocus sativus)*
Safran macht nicht nur den Kuchen gel, sondern wirkt auch anregend, ja sogar euphorisierend auf unser Gehirn. Achten Sie aber auf echten Safran!

Salbei *(Salvia officinalis)*

Als Tee oder Gewürz wirkt Salbei anregend und stärkend bei Nervenschwäche und Erschöpfung. Darüber hinaus senkt er den Blutzuckerspiegel und hat eine entgiftende Wirkung.

Sellerie *(Apium graveolens)*

Nach altem Volksglauben ist frischer Stangensellerie ein wirksames Aphrodisiakum. In jedem Fall wirkt er generell stärkend, gerade auch bei Appetitlosigkeit und Erschöpfung.

Soja *(Glycine max)*

Auf den hohen Gehalt an essentiellen Fettsäuren und die Bedeutung fürs Gehirn sind wir bereits eingegangen (siehe Seite 31, 38). Reichlicher und häufiger Konsum kann aber die Tätigkeit der Schilddrüse bremsen und daher auch depressiv wirken.

Süßwasseralgen

(Spirulina, Chlorella etc.*)*

Sie besitzen nicht den Jodreichtum der Meeralgen und können also auch von Patienten mit einer Schilddrüsenüberfunktion verzehrt werden. Sie haben eine stärkende Wirkung bei langandauernden Anstrengungen und helfen bei Übermüdung dank ihres Gehalts an essentiellen Aminosäuren und Mineralstoffen.

Tanacetum *(Tanacetum parthenium)*

Mutterkraut, auch als *Chrysanthemum parthenium* benannt, ist vor allem hilfreich bei einer Migräne. Insbesondere wenn ein kurzzeitiger Überschuß an Serotonin, das bei manchen Menschen die Blutzufuhr zum Gehirn senkt, eine Migräne auslöst, sind die Sesquiterpene im Tanacetum wirkungsvoll, weil sie die Ausschüttung der Serotoninschübe verhindern.

Thymian *(Thymus serpyllum* und *vulgaris)*

Nach alter Volksmeinung stärkt Thymian das Gedächtnis. In jedem Fall wirkt das Gewürz anregend und stärkend, entgiftend und desinfizierend auf den Organismus.

Vanille *(Vanilla planifolia)*

Bereits der Geruch von Vanille regt das Nervensystem an: Legen Sie einfach ein Stück Vanilleschote in die Zuckerdose. Benutzen Sie aber nur natürliche und reine Vanille!

Weißdorn

(Crataegus monogyna oder *oxyacantha)*

Weißdorn ist bekannt als Herzstärkungsmittel und Blutdrucksenker, wirkt aber auch durchblutungsfördernd und regulierend auf das Nervensystem. Als Tee, Extrakt, Tinktur oder Frischsaft mildert er »Gemütswallungen«, Angstgefühle und mildert Schlaflosigkeit.

Weizen *(Triticum dicoccoides)*
Weizenkeime sind besonders reich an Vitamin E, einem ausgezeichneten Antioxidans, sowie den Vitaminen der B-Gruppe, insbesondere Thiamin, Pantothensäure und Pyridoxin. Außerdem enthalten sie viele essentielle Fettsäuren, an Mineralstoffen viel Chrom, Eisen, Schwefel und Zink.

Zimt *(Cinnamomum ceylanicum)*
Das aromatische Gewürz wirkt leicht anregend und bekämpft wirkungsvoll melancholische Stimmungen. Manche halten es auch für ein Aphrodisiakum.

Zitrone *(Citrus limon)*
Weithin bekannt ist die stärkende und antibiotische Wirkung der Frucht. Sie erhöht die Widerstandskraft gegen Infekte und hilft bei Überanstrengung.

Auch das kann sinnvoll sein: Nahrungsmittelergänzungsprodukte

Als Nahrungsmittelergänzungen oder Supplements bezeichnet man bestimmte Nährstoffe oder Nährstoffgemische, die in isolierter Form zusätzlich zur gewohnten Nahrung eingenommen werden. Es kann sich dabei um Pflanzen oder pflanzliche Extrakte handeln, wie sie im vorhergehenden Kapitel vorgestellt wurden. Manche stammen aus dem Tierreich und einige sind eine Mischung aus verschiedenen Substanzen.

Lecithin

Lecithin wird in der Regel aus Sojaöl gewonnen. Dieses Phospholipid ist besonders reich an Cholin, dem Vorläufer des Neurotransmitters Acetylcholin. Cholin kann unangenehmen Körpergeruch auslösen, wenn es in reiner Form eingenommen wird, doch in Form von Lecithin ist es ein sicheres und problemloses Nahrungsergänzungsmittel.

Lecithin ist als Baustein der Membranen unentbehrlich für die Erhaltung und die Regeneration der Zellen des peripheren und zentralen Nervensystems und spielt eine wichtige Rolle beim Fett- und Cholesterin-Stoffwechsel des Körpers. In wissenschaftlichen Untersuchungen stellte man fest, daß die Einnahme von zwei bis sechs Gramm pro Tag bei den meisten Versuchspersonen eine Verbesserung der Gedächtnisfunktion bewirkte. Untergewichtige Personen sollten allerdings darauf achten, ob die Einnahme von Lecithin eventuell die Gewichtszunahme erschwert und in diesem Fall darauf verzichten. (Dies ist die einzige bekannte Gegenanzeige von Lecithin.)

Hefe

Obwohl heute nur ein geringer Teil aus der Bierproduktion stammt, nennt man sie häufig noch »Bierhefe«, weil der Großteil der handelsüblichen Nährhefe von der obergärigen Rasse *Saccharomyces cerevisiae* gewonnen wird, eben derselben, die auch der Bäcker verwendet. Korrekter wäre die Bezeichnung »Backhefe« für *Saccharomyces cerevisiae.* Nährhefe aus der Bierproduktion stammt nämlich meist von der untergärigen Rasse *Saccharomyces carlsbergensis.*

Hefepilze vermehren sich sehr schnell und reichern sich während dieser Zeit mit Stoffen aus dem Nährboden an. Diese werden dabei bereits »aufgebrochen« und damit leichter verwertbar für unseren Organismus. Hefesupplements sind äußerst reich an Vitaminen der B-Gruppe, und außerdem – je nach Nährboden – reich an Aminosäuren, Mineralstoffen und Spurenelementen.

In vielen Situationen ist es sinnvoll, Nährhefe regelmäßig oder über einen bestimmten Zeitraum einzunehmen: bei zu hohem Cholesterinspiegel, Arteriosklerose, Streß, geistigen und körperlichen Anstrengungen, Übermüdung usw. In einigen Hefen ist Chrom enthalten, das den Glucosestoffwechsel unterstützt, und Selen, das als Antioxidans wirkt und freie Radikale »einfängt«. Darüber hinaus hat Hefe generell eine stark entgiftende Wirkung.

Fischöl

Als das bekannteste ist der Lebertran im Handel, meist ein Gemisch aus Ölen von verschiedenen Kaltmeerfischen, die alle reich sind an Vitamin D, Vitamin A und vor allem an Omega-3-Fettsäuren, die so wertvoll für das Gehirn sind. Heutzutage ist die Einnahme nicht mehr ganz so unangenehm wie früher: Gelatinekapseln, die sich erst im Magen auflösen, kaschieren den ursprünglichen Geschmack und schützen zudem die Lipide vor der Oxidation. Wer keinen Fisch mag oder nur selten ißt, sollte im Winter an die Einnahme von Fischöl denken.

Austern

Nicht nur Feinschmecker sollten sich gerne Austerngerichte gönnen, denn der positive Einfluß der Proteine aufs Gehirn ist mehr als nur eine gute Ausrede. Für eilige Verbraucher gibt es mittlerweile Austernfleisch auch als Extrakt.

Gelee royale

Dieser etwas bitter schmeckende Nahrungsbrei ist im Bienenstaat der Königin vorbehalten, die damit viel größer wird und etwa 50 mal länger lebt als die anderen Bienen. Er ist sehr reich an Kohlenhydraten, Vitaminen, Aminosäuren, Spurenelementen und vielen anderen Substanzen, die man zum Teil noch gar nicht genau kennt. Insbesondere über längere Streßperioden und über den Jetlag hilft diese »königliche« Mischung hinweg. Am besten vor dem Essen eine Messerspitze voll unter die Zunge nehmen. Allerdings sollte man den Gelee immer gut verschlossen im Kühlschrank aufbewahren, denn er ist sehr temperaturempfindlich.

Blütenpollen

Bienen sammeln Blütenstaub und verwandeln ihn in harte, süßliche, angenehm zu kauende Kügelchen, die – im Gegensatz zu frischem Blütenstaub – meist keine Allergien hervorrufen. Blütenpollen sind reich an essentiellen Aminosäuren, Vitaminen, Mineralstoffen und Spurenelementen und deshalb besonders in stressigen Zeiten zu empfehlen.

Essentielle Aminosäuren

Vor allem in Amerika, wo Supplements an der Tagesordnung sind, hält man einige essentielle Aminosäuren für ein Wundermittel, um die Denk- und Gedächtnisleistung zu steigern. Glutamin und Phenylalanin sind sicherlich nützlich für das Gehirn, aber man sollte unbedingt vorher ärztlichen Rat, am besten den eines Ernährungsfachmanns, einholen. Nur so kann gesichert werden, daß eine Nahrungsmittelergänzung mit Aminosäuren in der für den eigenen Körper geeigneten Menge und im richtigen Verhältnis zu den anderen Nährstoffen eingenommen wird.

Mit Vorsicht zu genießen: Aufputschendes und Betäubendes

Viele Substanzen können bestimmte Gehirnfunktionen dämpfen, andere hingegen bewirken das Gegenteil. Die Wirkung der meistverbreiteten Stoffe auf das Gehirn sollte man kennen. Dabei ist aber zu bedenken, daß die beruhigende oder anregende Wirkung stark abhängig ist von persönlicher Veranlagung und Faktoren wie der Tageszeit, vollem oder leerem Magen, Wechselwirkung mit anderen Stoffen usw. Deshalb sollte man nicht allzu leichtgläubig sein, wenn die wunderbaren Möglichkeiten einer Sorte angepriesen werden, daß zum Beispiel Schokolade Energie spendet, ein bestimmtes Getränk fröhlich stimmt, diese oder jene Speise der Konzentration förderlich ist oder das Getränk XY uns angenehm entspannt.

Auch die Angaben dieses Buches sind notgedrungen verallgemeinert und sollten stets einer kritischen persönlichen Prüfung unterzogen werden. Kontrollieren Sie, ob bestimmte Stoffe sich vereinbaren lassen mit möglichen Beschwerden wie Allergien oder anderen Unverträglichkeiten (siehe Seite 77). Probieren Sie die Substanzen zu verschiedenen Tageszeiten aus, aber nie zum ersten Mal bei einem wichtigen Anlaß!

Alkohol

Seit Jahrtausenden werden in fast allen Kulturen vergorene Getränke gereicht, in der Regel zu festlichen Anlässen oder Riten. Alkohol ist aber sicherlich keine Gedächtnisstütze, sondern wird eher getrunken, »um zu vergessen«. Wer häufig oder gewohnheitsmäßig Alkohol trinkt, kann vergeßlich sein, auch wenn er zu dem bestimmten Zeitpunkt nicht unter Alkoholeinfluß steht. Nachdem wir »über die Stränge geschlagen« haben – auch wenn inzwischen kein Alkohol mehr im Blut ist –, bleibt die geistige Leistungsfähigkeit und die Konzentrationsfähigkeit noch eine Weile begrenzt, was uns meist überhaupt nicht mehr bewußt ist. Der Grund dafür sind wahrscheinlich toxische Rückstände des Getränks im Nervensystem.

Alkohol wirkt stark hemmungslösend und senkt die Aufmerksamkeitsschwelle, was Schüchterne nach einem Glas Wein (vermutlich durch das enthaltene Tyrosin) gesprächiger macht und – wenn man etlichen Malern und Dichtern Glauben schenken darf – die allzu eingeengte schöpferische Kraft befreit.

In alkoholischen Getränken wirkt nicht nur der Alkohol. Der Hopfen im Bier zum Beispiel wirkt entspannend und kann, je nach Veranlagung, depressiv verstimmen.

Wermut und Liköre werden mit bestimmten Pflanzen hergestellt, die eine Wirkung auf unseren Organismus ausüben. In einigen Fällen kann man sogar von Nährstoffen sprechen, wenn auch in sehr geringen Mengen. Im Wein beispielsweise sind Calcium, Magnesium, Kalium, Eisen, Kupfer sowie Aminosäuren, Vitamine B_6 und B_{12} enthalten; im Bier Calcium, Magnesium, Kalium, Natrium, Phosphor, Aminosäuren, die Vitamine B_1, B_6, B_9, B_{12} und C; im Apfelwein Calcium, Magnesium, Natrium, Kalium und Eisen. Außerdem muß man bei allen alkoholischen Getränken den enthaltenen Kalorien Rechnung tragen.

Alkohol sollte man nie auf leeren Magen genießen, denn er geht dann schneller ins Blut über und »steigt zu Kopf«. Übermäßiger Genuß erhöht den Bedarf an Nährstoffen, vor allem Kalium, Zink, den Vitaminen A und der B-Gruppe. Er kann die Stimmung, das Verhalten und das Auffassungsvermögen beeinflussen. Der Grund für die verminderte Lernfähigkeit ist vermutlich die direkte Wechselwirkung des Alkohols mit bestimmten Aminosäuren, die dann nicht mehr als Vorläufer von Neurotransmittern zur Verfügung stehen. Aus solchen Verbindungen kann sich außerdem leicht Gamma-Aminobuttersäure (GABA) bilden, die hemmend auf die Gehirntätigkeit wirkt.

Alkohol kann zu Gewöhnung und Abhängigkeit führen. Und vor allem: Vorsicht bei Arzneimittelkonsum: Medikamente nie zusammen mit Alkohol einnehmen!

Arzneimittel

Arzneimittel können auf unterschiedlichste Art die Hirntätigkeit beeinflussen: Einige verbessern die Gehirntätigkeit, andere können sehr unangenehme Nebenwirkungen haben. Es ist immer ratsam, den Arzt danach zu fragen, den Beipackzettel aufmerksam zu lesen und vor allem zu beobachten, ob sich unerwünschte Veränderungen einstellen, zum Beispiel beim Schlaf, in der Stimmung, bei der Konzentration. Unter Umständen kann ein geeignetes Supplement das Arzneimittel verträglicher machen.

Intelligenzpillen

In Amerika boomen seit einigen Jahren die sogenannten *smart drugs*, Mittel, die intelligenter machen sollen. Die Nahrungs- und Arzneimittelüberwachung (FDA) in den USA erkennt diese Kategorie von Arzneimitteln für den offenen Gebrauch bei gesunden Menschen nicht an, doch ist es nicht ausgeschlossen, daß ein Arzt solche Mittel zu einem ganz anderen Zweck verordnet. Mittlerweile gibt es Hunderte von diesen *smart drugs*, die in einigen Ländern zugelassen sind, manche sind verschreibungspflichtig, andere sogar frei verkäuflich.

Die Versuchung, solche Mittel einmal auszuprobieren, ist natürlich groß, aber die Erfahrungen damit sind noch zu gering, als daß man ohne weiteres zum Gebrauch raten könnte. Vorsicht ist in jedem Fall angezeigt!

Nikotin

Abgesehen von den sonstigen Nachteilen des Rauchens, soll hier nur auf die Wirkung fürs Gehirn eingegangen werden. Viele Raucher behaupten, sie könnten sich mit einer Zigarette besser konzentrieren. Untersuchungen haben ergeben, daß Nikotin tatsächlich die von außen kommenden Stimuli abschwächt und daher eine unruhige Umgebung »erträglicher« macht. Natürlich spielen dabei aber auch Gewöhnung und Abhängigkeit eine große Rolle.

Rauchen scheint dagegen die Gedächtnisfunktion und die Reaktionszeit negativ zu beeinflussen. Tatsächlich ist eine andauernde Gefäßverengung bei Rauchern festzustellen, das Blut wird »dicker« durch die Bindung der Kohlenmonoxids an die roten Blutkörperchen, und die Blut- und Sauerstoffzufuhr zum Gehirn wird damit stark beeinträchtigt. Deshalb haben Raucher einen höheren Bedarf an Vitamin C, Vitamin B_{12} und Folsäure.

Nikotin beeinflußt auch den Blutzuckerspiegel: Bei einer Langzeitstudie (1986 - 1992) der Harvard School in Boston/USA stellte man fest, daß sich bei starken Rauchern (über 15 Zigaretten/Tag) das Diabetes-Risiko verdoppelt und bei schwächeren Rauchern (unter 15 Zigaretten/Tag) immer noch um 30 bis 40 Prozent erhöht ist. Diese Wirkung beruht auf einer Hemmung des Insulins, das für die Senkung des Blutzuckerspiegels sorgt. Wer fürchtet, als Nichtraucher zuzunehmen, sollte bedenken, daß die Lust auf Süßes normalerweise nicht länger als zehn bis zwölf Wochen anhält. Während der Entwöhnungszeit kann es helfen, täglich ein bis drei Eßlöffel Lecithin einzunehmen, denn das enthaltene Acethylcholin hat vermutlich eine ähnliche Wirkung auf das Gehirn wie Nikotin.

Koffein

Mal wird Kaffee wegen seiner anregenden Wirkung getrunken, mal aus Gewohnheit oder als geselliger Anlaß. Nützt er oder schadet er? Die Antwort ist stark abhängig vom Stoffwechsel des Betreffenden, von der Tageszeit und anderen Faktoren.

Alle anregenden Getränke verändern mehr oder weniger stark den indiviuellen

Biorhythmus. Dies kann in einigen Situationen durchaus erwünscht sein, zum Beispiel vor längeren nächtlichen Autofahrten oder um den Jetlag kurzfristig zu überwinden. Gewohnheitsmäßiger Genuß bringt allerdings tiefgreifende Veränderungen für unsere innere Uhr, unser Schlaf-Wach-Programm mit sich, und dies kann sich früher oder später sehr unangenehm bemerkbar machen.

Kaffee regt die Gehirntätigkeit an, fördert die Gesprächigkeit und wirkt harntreibend. Kaffee (auch koffeinfreier) enthält mindestens drei opiumähnliche Verbindungen, die wahrscheinlich das Gefühl von Entspannung hervorrufen. Kaffee ist sicherlich wirksamer, wenn man ihn gelegentlich und nicht gewohnheitsmäßig trinkt. Allerdings hat er gerade dann einen starken Einfluß auf das Schlafvermögen: Auch noch viele Stunden nach dem Kaffeegenuß ist die Hirntätigkeit verstärkt, und der Schlaf ist dadurch weniger erholsam.

Geben Sie sich über den Kaffee keinen Illusionen hin: Koffein verbessert nicht das Gedächtnis, sondern kann es möglicherweise sogar verschlechtern und den Ausgang von Intelligenztests negativ beeinflussen. Vor Prüfungen, Tests usw. sollten Sie mit Kaffee lieber Vorsicht walten lassen!

Die Mischung von Kaffee und Alkohol verlängert zusätzlich die Reaktionszeit und verstärkt die Wirkung des Alkohols noch. Also besondere Vorsicht am Steuer: Kaffee macht den Alkoholeinfluß nicht wett! Koffein kann auch hemmend auf Adenosin, eine beruhigende Substanz, wirken, was manche panikartigen Anfälle nach Kaffeegenuß bei einigen Menschen erklärt.

Einige koffeinhaltige Produkte

Produkt	Koffeingehalt
Filterkaffee (1 Tasse)	75–125 mg
Espresso (1 kleine Tasse)	50–90 mg
entkoffeinierter Kaffee (1 Tasse)	3–10 mg
Tee (1 Tasse)	10–65 mg
Kakao (1 Tasse)	5 mg
Colagetränk (300 ml)	bis zu 70 mg
Bitterschokolade (30 g)	35 mg
manche Schmerzmittel (pro Tagesdosis)	32–100 mg
Appetitzügler, Antihistamin- oder Amphetamin-haltige Mittel (pro Tagesdosis)	bis zu 200 mg

(Quelle: A. und R. Winter: *Eat Right, Be Bright,* New York 1989)

Schwarzer Tee *(Camellia sinensis)*

Die Blätter des asiatischen Teestrauchs enthalten Alkaloide, die dem Koffein sehr ähnlich sind, vor allem Theophyllin, Theobromin sowie Gerbstoffe. Die anregende Wirkung ist milder und langsamer, aber auch länger anhaltend als die des Kaffees und kann individuell sehr unterschiedlich sein. Tee regt das zentrale Nervensystem an, erhöht die Wachsamkeit und Gesprächigkeit, befreit die Atemwege und kann – je nach Menge – schweißtreibend, entspannend oder euphorisierend wirken.

Cola

Die Colanüsse, die auch heute noch für die Herstellung verschiedener Colagetränke verwendet werden, enthalten unter anderem Koffein, Theobromin, Colanin und Glucose, weshalb eine Cola insbesondere für Kinder und Jugendliche nicht gerade empfehlenswert ist. In einigen Ländern wird sogar über Einschränkungen beim Verkauf von solchen »koffeinhaltigen Limonadengetränken« nachgedacht.

Cola kann die Aufmerksamkeit und das Wohlbefinden bis zur Euphorie steigern. Auf fernöstlichen Märkten kann man leicht die roten, bitter schmeckenden Nüsse finden. Das Kauen des Fruchtfleisches hat aber nur eine leicht anregende Wirkung.

Kakao

In Schokolade, in Kakao und allen »Kakaozubereitungen« finden wir das Alkaloid Theobromin, das auch im Tee enthalten ist und eine ähnlich anregende Wirkung wie Koffein hat.

Guarana *(Paullinia sorbilis)*

Guarana enthält etwa die dreifache Menge Koffein wie Kaffee sowie Theophyllin und ist in seiner Wirkung daher etwa mit Kaffee vergleichbar. Allerdings belebt es das Gehirn und das übrige Nervensystem viel langsamer und gleichmäßiger, ohne schlaflos oder gar nervös zu machen. Deshalb wird Guarana (als Tropfen oder Kautabletten) vor allem von älteren Menschen geschätzt. Guarana kann auch bei Depressionen nützlich sein.

Drogen, die das Gehirn selbst herstellen kann

Das Gehirn ist in der Lage, eigenständig »Drogen«, d. h. opiumähnliche Substanzen herzustellen, die sogenannten Endorphine und Encephaline. Die langkettigen Endorphine (13–31 Aminosäuren) wirken vermutlich als Neurohormone und vermitteln offenbar ein Gefühl von Wohlbefinden und Euphorie mit verhältnismäßig langandauernder Wirkung. Bei proteinhaltiger

Ernährung wird ihre Produktion in Streßsituationen, zum Beispiel beim Ausdauersport (wie Laufen), gelegentlich auch während langer Fastenzeiten induziert. Die kurzkettigen Encephaline fungieren als Neurotransmitter. Beide sind vermutlich die Ursache für die Schmerzunempfindlichkeit in Schockzuständen.

Das Gleichgewicht dieser Hormone wird von den Neurotransmittern Norepinefrin und Serotonin gesteuert, die insbesondere in Streßsituationen freigesetzt werden. Schlechte Stimmungen wie Verärgerung, Feindseligkeit, Wut und Depression können die Reserven dieser Substanzen mindern und gleichzeitig unser Immunsystem schwächen. Deshalb ist es vor allem in Streßzeiten wichtig, die richtige Nährstoffzusammensetzung zu sich zu nehmen und negative Empfindungen zu meiden.

Dritter Teil: Was wann wie und warum

Essen fürs Gefühl

»Du bist, was Du ißt.« – Kann man das tatsächlich sagen? Sind zum Beispiel Vegetarier friedfertiger und ruhiger als Fleischesser? Beobachtungen aus der Tierwelt scheinen den Eindruck zu vermitteln, daß Raubtiere aggressiver und Pflanzenfresser sanfter sind, was vielleicht nicht allein an der Art der Nahrungsbeschaffung liegt.

Inzwischen beginnt man, die biochemischen und bioenergetischen Wirkungen bestimmter Nährstoffe und Speisen zu verstehen. Natürlich wirken sich diese Einflüsse nicht bei jedem gleich aus, aber immerhin geben einige Erfahrungen mittlerweile Anlaß, die eigene Art der Ernährung zu überdenken. Die Funktion der verschiedenen Neurotransmitter auch in bezug auf unseren Biorhythmus haben wir schon kennengelernt. Einige Produkte sind dabei besonders geeignet, unserem Gehirn auf die Sprünge zu helfen oder es im rechten Moment zur Ruhe kommen zu lassen.

Natürliche Entspanner

Wenn auch in unterschiedlichem Ausmaß, so sind doch alle folgenden Nahrungsmittel der Entspannung oder dem Schlaf zuträglich: Nachtschattengewächse wie Kartoffeln, Tomaten, Pfefferschoten, Paprika,

Auberginen; außerdem Bananen, Weißbrot, Mohnsamen, Eier, Milch, Schmelzkäse, Kopfsalat, Kohl aller Art; Puter, Rind- und Schweinefleisch (vor allem in größeren Mengen), Schalentiere; Ananas, Erdbeeren, Feigen, Datteln, Petersilie; viele Kräutertees und auch – gelegentlich – alkoholische Getränke.

Vorsicht: Monoglutamat

Genießen Sie Natrium-Monoglutamat nur mit äußerster Vorsicht. Es handelt sich um ein synthetisches Produkt, das zur Herstellung von Brühwürfeln und zur Geschmacksverbesserung der meisten Fertigprodukte verwendet wird. Es wird aber von unserem Organismus nicht »erkannt«, d. h. der Stoffwechsel kann es nicht verarbeiten. Schläfrigkeit, Kopfschmerzen usw. sind häufig die Folge einer spezifischen Unverträglichkeit für Glutamat. Zumindest im Haushalt sollten Sie besser den gewöhnlichen Brühwürfel durch frische oder getrocknete Würzkräuter oder rein pflanzliche Brühwürfel oder Fertigwürzen ersetzen, die gelegentlich mit Hefe aufbereitet sein können.

Anregendes

Anregend wirken Pfefferminztee, Safran, Muskatnuß, Vanille, Kümmelsamen, Pflanzenkeimlinge, Leber, Schimmelkäse (enthält Tyramin = Tyrosin + Amin, eine anregende Stickstoffverbindung), Joghurt, Fisch, Austern und Weichtiere, Schokolade, Ingwer.

Aggressiv: Eiweißüberschuß?

Gewalttätigkeit und Aggressivität treten, wie zahlreiche Untersuchungen belegen, häufig in Verbindung mit einem Serotoninmangel auf. Wer bei sich selbst oder einem Familienmitglied bemerken sollte, daß er/sie zu schnell aus der Haut fährt, kann leicht überprüfen, ob in der täglichen Ernährung genügend Substanzen vorhanden sind, die die Produktion des Neurotransmitters Serotonin fördern oder hemmen. Pro Gramm Körpergewicht sollte unser Körper 15 Mikrogramm Serotonin und 1,62 Mikrogramm Tryptophan herstellen können. Dieses Verhältnis gerät aber leicht aus dem Gleichgewicht, wenn wir essen, »wie es gerade kommt«, zum Beispiel wenn es ganz schnell gehen soll.

Eine vorwiegend eiweißreiche Ernährung enthält allzuviel Phenylalanin und Tyrosin, die zu einer übermäßigen Produktion von Neurotransmittern führen, was wiederum ein aggressives Verhalten hervorrufen kann. Zudem kann eine solche Art von Ernährung auch anhaltende Hypoglykämie (Unterzuckerung) zur Folge haben, die für den Körper zu einer regelrechten Streßsituation werden kann (siehe Seite 22). Streß und Frust führen aber ihrerseits leicht zu Ungeduld und einem Hang zu »Kraftproben«. Ein ausgewogenes Gleichgewicht von verschiedenen Nahrungsmitteln tierischer und pflanzlicher Herkunft könnte zu einem friedlicheren Zusammenleben viel beitragen, und man muß dazu nicht unbedingt gleich streng vegetarisch leben.

Bevor man sich hinsetzt, um ausgeglichen und konzentriert zu arbeiten, zum Beispiel um etwas auswendig zu lernen, bestände eine ideale Mahlzeit aus Reis, Milch oder Milchprodukten und Nüssen oder Samen, d. h. einer ausgewogenen Versorgung mit Phenylalanin und Tryptophan.

Wenn Sie alleine essen...

Neigen Sie zu allzu üppigen Mahlzeiten? Essen Sie häufig alleine? Es könnte ein Zusammenhang zwischen den beiden Phänomenen bestehen. Untersuchen Sie einmal in Ruhe Ihr Verhältnis zum Essen, ob sich Ihr Appetit womöglich verändert, wenn Sie in Gesellschaft essen.

Wenn Sie in Gesellschaft essen...

Auch das kann allerdings zu Problemen führen, wenn Sie eine bestimmte Diät einhalten oder auf eine bestimmte Art zu essen Wert legen. Da muß man sich manchmal schon etwas einfallen lassen oder sich regelrecht Respekt verschaffen, um trotzdem eine ausgeglichene Mahlzeit zu genießen. Aber man kann sich auch eine »bessere Gesellschaft« beim Essen suchen...

Liebesboten

Neurotransmitter können auch »Liebesboten« sein: Die typischen Anzeichen wie Blutdruckanstieg, Herzklopfen und Pupillenerweiterung werden durch Signale ausgelöst, die unser Gehirn über die Botenstoffe an die Organe schickt. Bei Verliebten zirkuliert eine größere Schar von Neurotransmittern und Hormonen im Körper, was unter anderem auch zu einer Stärkung des Immunsystems führt. Das erklärt auch, warum – nach weitverbreiteter Meinung – eine große Liebe zwei Jahre oder länger vor Krankheiten schützen soll.

Die Katecholamine, offenbar aktiver zu nächtlicher Stunde, regen die Leidenschaft an, Endorphine sind eher am späten Nachmittag tätig und wecken die Lust auf Zärtlichkeit. Warum schenken sich Verliebte oft Schokolade? Womöglich, weil diese reich an Phenylethylamin sind, dem Vorläufer von Adrenalin, Noradrenalin und Dopamin, also lauter Neurotransmittern aus dem Team der Katecholamine, also der Leidenschaft?

Was nicht schmeckt, hilft auch nicht

Das Verlangen nach und der Genuß von Speisen, also der Geruchs- und Geschmacksinn, sind eng mit der Fähigkeit unseres Körpers verknüpft, bestimmte Nährstoffe auszunutzen. Unser Gehirn wird zunächst durch den Anblick und den Duft guter Gerichte oder schon durch den Gedanken oder die Erinnerung an eine gute Mahlzeit

angeregt. Es sendet dann ein Signal an die Drüsen, die die Verdauungssäfte ausscheiden, vom »Wasser im Munde« bis zu den Magen- und Darmsäften. Die Verdauung funktioniert danach meist reibungslos.

Geringe Anziehung – schlechte Beziehung

Wer meint, man würde weniger essen, wenn man sich wenig einladende Dinge zubereitet oder auf den Teller legt, der geht fehl. Laut Statistik kann gerade diese (übertriebene) Gewohnheit eher zu Bulimie führen. Appetitlich aussehende und wohlschmeckende Speisen führen eher ein Gefühl von zufriedener Sättigung herbei. Unbefriedigende Mahlzeiten öffnen hingegen schlechten Stimmungen, Frustration, Apathie, Depression und auch Eßstörungen Tür und Tor.

Magersucht und Bulimie

Bei Menschen der Risikogruppen »Magersucht« oder »Bulimie« entgleist das Gleichgewicht der Neurotransmitter Dopamin und Noradrenalin und ihres Vorläufers Tyrosin. Nahrungs-, Alkohol- und Nikotinmißbrauch leiten häufig einen Endorphinmangel ein, der anscheinend wiederum zu unbewußten Kompensationshandlungen führt: ein Teufelskreis, aus dem bekanntlich nicht leicht zu entkommen ist.

Immer der Nase nach

Zwischen dem Gehirn und dem Geruchssinn besteht eine besonders enge Verbindung. Die Gerüche brauchen nicht den Umweg über das Blut oder über das Nervensystem zu gehen wie Nährstoffe oder die anderen Sinneseindrücke. Die Geruchszellen haben einen direkten Kontakt zum Gehirn, denn sie sind streng genommen bereits ein Teil davon: Sowohl der Geruchssinn als auch das Gedächtnis gehören zum limbischen System, der »Erlebniswelt« des Gehirns. Daher können Gerüche und Düfte auch schlagartig Erinnerungen hervorzaubern oder gar reflexartige Reaktionen auslösen.

Schon im Altertum nahm man an, daß ein enger Zusammenhang zwischen Gedächtnis und Geruchssinn besteht und bestimmte Düfte sogar dem Gedächtnis auf die Sprünge helfen könnten. Wohlgerüche von Blumen, ätherischen Ölen oder lekkeren Speisen sind natürlich ein äußerst angenehmes Mittel zum Zweck der Gehirnbeeinflussung. Am wirkungsvollsten scheinen intensive, leicht stechende Düfte zu sein wie Rosmarin, Minze, Basilikum, Limette (süße Zitrone). Ein Grund mehr, sie möglichst immer bei der Hand zu haben und in jedem Fall in der Küche zu benutzen. Sie können zwei, drei Tropfen äthe-

risches Öl auf ein Taschentuch geben oder an der frischen Pflanze riechen und natürlich auch beides in der Küche verwenden (ätherische Öle immer naturrein und verdünnt anwenden!):

Düfte als Erste Hilfe

Im Fall von	versuchen Sie es mit
Schock	Melisse, Neroli
Panik	Melisse, Kamille, Lavendel
Nervosität	Kamille, Lavendel, Rose
Wut	Ylang-Ylang, Kamille, Rose
Angst	Jasmin, Geranie, Zypresse
Depression	Basilikum, Bergamotte, Minze, Ylang-Ylang
Apathie	Rosmarin, Wacholder, Jasmin
Trauer	Rose, Majoran
Verwirrung (Konfusion)	Minze, Zypresse, Lavendel

Fürchten Sie sich nicht vor neuen Erfahrungen und sagen Sie nie im voraus, daß Ihnen ein Gericht oder ein Gewürz nicht schmeckt. Experimentieren Sie ruhig: Vielleicht entdecken Sie neue Zusammenstellungen und neue Gaumenfreuden. Womöglich stellen Sie fest, daß einige Gerichte besser kalt oder lauwarm statt heiß schmecken, oder daß weniger Salz und mehr Gewürze und ein wenig kaltgeschlagenes Öl zum Schluß beigefügt den Geschmack erheblich verbessern können. Wenn Ihnen auffällt, daß Ihr Geschmackssinn wenig ausgeprägt ist, so könnte das an einem Zinkmangel liegen. Fragen Sie in diesem Fall Ihren Arzt danach!

Regen Sie alle Sinne an, vor dem Essen und während des Essens: eine angenehme Atmosphäre, ein frischer Obst- oder Gemüsesaft als Aperitif, ein ansprechend gedeckter Tisch, ein dekorativ serviertes Gericht, womöglich Blumen auf einer schönen Tischdecke – et voilà… Konzentrieren Sie sich ganz auf die Freude am Essen. Keine Sorgen, keine Arbeit, weder Radio noch Fernsehen oder Zeitung sollten Sie ablenken, allenfalls ein bißchen leise Musik.

Von allem etwas, aber nicht alles gleichzeitig

Sind Sie schon einmal vom Mittagessen aufgestanden mit einem Völlegefühl, das Sie bei der Arbeit, bei einem wichtigen Gespräch oder überhaupt störte? Oder passiert es Ihnen gar öfter, daß Sie in den frühen Nachmittagsstunden nicht voll leistungsfähig sind, sich schwerfällig oder müde fühlen?

Mit großer Wahrscheinlichkeit war die Zusammensetzung Ihres Mittagessens daran schuld. Womöglich haben Sie nicht einmal viel gegessen und auch auf Alkohol verzich-

tet. Aber vielleicht haben Sie nicht bedacht, daß Ihr Verdauungsapparat sehr wohl die vielen Stoffe, die Ihr Organismus und Ihr Gehirn brauchen, verarbeiten kann – aber eben nicht alle gleichzeitig. Es gibt nämlich Verträglichkeiten (sozusagen eine gute Zusammenarbeit) und Unverträglichkeiten (Konkurrenz) zwischen den verschiedenen Nahrungsbestandteilen und abhängig von den Verdauungsenzymen, die notwendig sind, um die Speise im Mund, im Magen und im Darm zu verarbeiten.

Einige Tips

Ein paar Grundregeln reichen meist schon, um »leichtere« Mahlzeiten zu sich zu nehmen und damit mehr Energie für Ihr Gehirn freizustellen, da Sie ja weniger davon für den Verdauungsprozeß vergeuden.

- Einfache Mahlzeiten bedeuten absolut nicht, daß sie langweilig oder monoton sein müssen und aus nur einer einzigen Speise oder einem Gang bestehen. Die verschiedenen Nahrungsmittel, auch viele verschiedene, dürfen sich in ihrer Wirkung nur nicht untereinander stören, um ihr Ziel zu erreichen: Sie angemessen zu ernähren.
- Trennen Sie stark eiweißhaltige Gerichte von vorwiegend kohlenhydrathaltigen. Das Hauptgericht kann mittags also aus Nudeln, Reis oder Kartoffeln mit Gemüse bestehen, und abends aus Fleisch, Fisch, Eiern, Käse oder Hülsenfrüchten. Oder auch umgekehrt, aber möglichst nicht kombiniert.
- Die ideale »Ehe« für protein- oder kohlenhydratreiche Speisen ist jeweils die Kombination mit Gemüse, roh und/oder gekocht. Nehmen Sie davon immer reichlich und in großer Auswahl, je nach Jahreszeit. Kombinieren Sie neue Frischkostsalate, farbenfroh, duftend und verlockend.
- Frischkost möglichst am Anfang der Mahlzeit essen. Dann werden Enzyme, Vitamine und Mineralstoffe am besten verwertet und unterstützen den weiteren Verdauungsvorgang.
- Würzen Sie mit Vollmeersalz, kaltgeschlagenem Öl, womöglich mit ein paar Tropfen Zitronensaft oder Apfelessig (nur bei Eiweiß-Mahlzeiten) und einer üppigen Auswahl von frischen oder getrockneten Gewürzkräutern.
- Vermeiden Sie vor allem die Kombination von Milch und Milchprodukten mit Fleisch- und Wurstwaren in der gleichen Mahlzeit: Milchprodukte legen sich im Magen in einer für die Magensäfte undurchdringlichen Schicht um das Fleisch, verlängern damit die Verdauungszeit erheblich und können so zu Fäulnisvorgängen im Darm führen.
- Kombinieren Sie nie Hülsenfrüchte mit Fleisch- und Wurstwaren oder tierischem

Eiweiß in anderer Form wie Huhn mit Böhnchen oder auch Ei mit Erbsen, denn ein Überschuß an Eiweiß, vor allem unterschiedlicher Herkunft, belastet den Organismus und erschwert die Verdauung. Alle anderen Gemüse passen dagegen gut zu eiweißreicher Kost.

Die Aminosäuren der Hülsenfrüchte ergänzen aber die Getreideproteine und ergeben eine ausgewogene Mischung von essentiellen Aminosäuren. Menschen mit intaktem Verdauungsapparat haben im allgemeinen keine Schwierigkeiten mit Gerichten wie Reis mit Erbsen, Nudeln mit Linsen, Maisbrei mit Bohnen usw.

Obst sollte am besten eine Mahlzeit für sich sein, beispielsweise ein Snack zwischendurch. Im Sommer oder wenn die letzte Mahlzeit besonders üppig ausfiel, ist der Körper meist auch nur mit leckerem Obst am Mittag oder Abend zufrieden.

Auch Kuchen, Torten und Süßigkeiten sollte man nicht am Ende der Mahlzeit, sondern als Snack zu sich nehmen, um unangenehme Gärprozesse im Darm zu vermeiden.

Vergessen Sie nicht Mandeln, Nüsse und Samen wie Sonnenblumenkerne oder Sesam. Kombinieren Sie sie mit Obstsalat, mit Brot oder anderen Getreidespeisen oder auch mit Gemüse. Vielleicht pürieren Sie gerne einige Samen mit dem Mixer und bereiten einen Brotaufstrich daraus. Nach einer reichhaltigen Mahlzeit, womöglich mit Fleisch oder Fisch, sind Nüsse und Samen allerdings weniger gut verdaulich und auch zu kalorienhaltig.

Fette aller Arten sind relativ neutral und lassen sich gut mit allen anderen Nahrungsmitteln kombinieren. Allerdings wird die Verdauungszeit dadurch wesentlich länger, fettes Fleisch beispielsweise liegt länger im Magen als mageres.

Was und wann?

Bei Gewichtsproblemen fragt man sich immer, was man wann essen sollte. Seltener stellt man sich die gleiche Frage, um das Gehirn leistungsfähiger zu machen. Dabei hängt gerade in dieser Hinsicht viel vom »Was und Wann« ab. Die Chinesen haben schon vor Tausenden von Jahren eine Art Fahrplan gemäß den Tageszeiten entwickelt, zu denen die verschiedenen Organe auf Hochtouren laufen können oder Ruhe brauchen. Eine reichliche und späte Abendmahlzeit kurz vor dem Schlafengehen läßt uns meist später im Bett herumwälzen oder sogar wach werden. Versuchen Sie, Ihren persönlichen Rhythmus zu finden und sich auch danach zu richten. Sie werden besser damit fahren als mit den zeitlich festgelegten Mahlzeiten.

Wichtig: ein nahrhaftes Frühstück

In verschiedenen wissenschaftlichen Untersuchungen stellte man fest, daß vormittags aufgenommene Aminosäuren besser in Neurotransmitter verwandelt werden können. Ein Grund mehr für ein gutes Frühstück!

Appetithäppchen – nützlich oder schädlich?

Die Appetithäppchen, die oft gereicht werden, während man auf die eigentliche Mahlzeit wartet, und die kleinen Snacks zwischendurch können gesund sein oder auch nicht, wirkungsvoll oder auch nicht: Wie immer kommt es darauf an, was und wann geknabbert wird.

Die Amerikaner nennen es *preload*, eine »Vorab-Ladung«, also ganz das Gegenteil von dem, was wohlmeinende Mütter meist ihren Sprößlingen predigen: »Verdirb dir nicht den Appetit vor dem Essen!« Am wirksamsten sind die Snacks in den fünf bis dreißig Minuten vor der Hauptmahlzeit. Dann können sie bewirken, daß man tatsächlich weniger ißt. Wer abnehmen will, sollte statt Käsestückchen, Obstsaft oder Kräckern eine leichte Brühe oder eine Gemüsesuppe vorher essen, wer zusätzlich ein Vitaminplus erreichen will, sollte zu frischem Obst oder zu einer anderen Power-Nahrung fürs Gehirn greifen (siehe Rezepte Seite 88).

Richtig verteilen

Die gute Einteilung der Mahlzeiten beugt einer Unterzuckerung vor, so daß das Gehirn keine »Pannen« durch Brennstoffknappheit erleiden muß. Außerdem sollten Übergewichtige bedenken, daß dieselbe Kalorienmenge, auf mehrere Mahlzeiten verteilt, besser »entsorgt« wird als in nur ein oder zwei Mahlzeiten. Aber auch Untergewichtige können feststellen, daß sie leichter auf ein Normalgewicht kommen, wenn Sie ihrem Körper genügend Zeit gönnen, mehrere nicht allzu umfangreiche Mahlzeiten zu verarbeiten.

Wenn Sie sich dazu entschlossen haben, eiweißhaltige Speisen nicht mehr in Kombination mit kohlenhydratreichen Speisen zu essen, können Sie am besten ausprobieren, welche Art der Mahlzeit zu welcher Tageszeit Ihrer Leistungsfähigkeit zuträglicher ist. Ein üppiges Abendessen, das viele Kohlenhydrate enthält, wird meist nicht mehr bei nachfolgenden Betätigungen »verbrannt« und landet leicht in Fettpölsterchen. Viele finden dagegen, daß eine stark eiweißhaltige Mahlzeit ihre Verdauung stärker beansprucht und man sich danach weniger fit fühlt. Der persönliche Biorhythmus und die individuellen Bedürfnisse des Körpers müssen dabei entscheiden.

Die »Testläufe« sollten Sie allerdings mehrmals durchführen, denn auch andere

Faktoren als die Ernährungsgewohnheiten können auf das Wohlbefinden oder auf die Leistungsfähigkeit Einfluß nehmen. Zudem sind beispielsweise nicht alle eiweißhaltigen Speisen in ihrer Wirkung gleich, nicht einmal alle Fleischsorten, und zudem hängt auch viel von der Zubereitung ab.

Süß oder salzig?

Das ist offensichtlich eine Frage des Geschmacks. Allerdings gibt es eine Theorie, nach der schöpferische Menschen eine Vorliebe für Salziges hätten, eher nachdenkliche (und auch unzufriedene) besonders Süßes schätzten. Herzhaft-pikante Speisen seien bei aktiven und neugierigen Personen beliebt, und Saures mache lustig.

Aber das ist sicher nicht alles. Das Verlangen nach Süßem kann auch durch die gerade vorausgegangene Betätigung ausgelöst werden oder ist der unbewußte Versuch, einen Mangel an Zuneigung zu kompensieren. Aber häufiger, als man annehmen mag, geht die Lust auf Süßigkeiten auf eine Stoffwechselstörung, z. B. einen Mangel an bestimmten Mineralstoffen oder Spurenelementen, zurück. Bevor man also voreilige Schlüsse zieht, sollte man vielleicht die notwendigen Untersuchungen des Blutzuckerspiegels zu verschiedenen Tageszeiten sowie ein Mineralogramm anstellen lassen.

Wenn das Gehirn Hunger hat

Wieviel Nahrung wir täglich brauchen, kann man in Tabellen ablesen, deren Richtlinien zwar Alter, Geschlecht, Körperbau und Tätigkeit berücksichtigen. Die Angaben sind aber trotzdem nur über den Daumen gepeilt, denn wir müssen auch unseren persönlichen Stoffwechsel mit in die Rechnung einbeziehen, der je nach Alter, Jahreszeit und sogar im Laufe eines Monats (vor allem bei Frauen) stark schwanken kann.

In diesem Buch wurde Ihnen geraten, sich beim Essen ruhig mehr auf Ihren Instinkt zu verlassen. Das gilt natürlich auch für die Nahrungsmenge, aber mit einem kleinen Vorbehalt: Oft essen wir nur aus Langeweile, aus Unruhe oder Nervosität oder aus Unzufriedenheit. Wenn das immer häufiger vorkommt, kann diese Angewohnheit das ganze Nachrichtensystem in unserem Körper, von den Drüsen bis zu den Neurotransmittern, über den Haufen werfen. Das Hauptproblem liegt wohl darin, daß das Hungergefühl, das leere Gefühl im Magen, praktisch gleich ist, so daß man auf Anhieb den echten Hunger nur schlecht vom nervösen Hunger unterscheiden kann.

Hunger oder Appetit?

Wir müssen also unterscheiden zwischen Hunger und Appetit. Hunger ist der Aus-

druck einer körperlichen Notwendigkeit, sich zu ernähren. Appetit ist an geistige Vorstellungen gebunden, an Wünsche, persönliche Erfahrungen und Gewohnheiten, aber auch an kulturelle Normen und nicht zuletzt an Versuchungen.

Aber weder Hunger noch Appetit nehmen ihren Ursprung im Magen, auch nicht im Gaumen oder in der Nase, sondern im Gehirn. Von dort geht nämlich ein spezifisches Signal aus, das in den anderen Körperstationen übersetzt wird. Und vom Gehirn kommt auch das Signal, daß wir genug gegessen haben. Man spricht von einem »Freßzentrum« und einem »Sättigungszentrum« im Gehirn: Beide befinden sich im Hypothalamus, von wo aus auch Schlafbedürfnis, Körpertemperatur, Blutdruck sowie körperliche Reaktionen bei Gemütswallungen (z. B. Erröten, Erblassen usw.) gesteuert werden. Wen wundert es, daß wir auf außergewöhnliche Ereignisse mit Hunger oder Appetitlosigkeit reagieren? Auch die Lust auf bestimmte Speisen während der Schwangerschaft, manchmal während der Menstruation oder unter Streßbedingungen, sind Signale des Gehirns, das in »Notfällen« Nachschub an bestimmten Nährstoffen anfordert.

Möchten Sie gerne wissen, ob eine plötzliche Heißhungerattacke richtiger Hunger ist? Überlegen Sie schnell, was kurz zuvor passiert ist: Haben Sie sich geärgert? Wurden Sie enttäuscht? Oder fühlen Sie sich im Moment deprimiert, einsam oder sind Sie gelangweilt? Wenn sich solche Gelegenheiten häufen, bedenken Sie bitte, daß das Ausweichen aufs Essen schließlich ausarten und zu einer Art Sucht werden kann.

Auch wenn es Ihnen den Appetit verschlägt, können bestimmte Lebensumstände eine Rolle spielen. Einige Tierarten nehmen beispielsweise während der Paarungszeit keine Nahrung zu sich. Manch Verliebter verliert den Appetit, und anscheinend vergessen auch Künstler oft während der schöpferischsten Phasen, etwas zu essen. In manchen Situationen ist der Energiefluß unserer Wahrnehmung also sehr einseitig ausgerichtet. Was aber passiert mit dem Gehirn, wenn wir fasten?

Fasten

Das Gehirn will praktisch ununterbrochen mit Glucose versorgt sein, kann aber keine Vorräte anlegen und ist damit auf die Zufuhr von Zucker über das Blut angewiesen. Was geschieht aber, wenn wir die Zufuhr sperren?

In den ersten Stunden protestiert es heftig, aber nach ein, spätestens zwei Tagen schaltet es um, denn es ist dann schon auf das Programm zum schadlosen Überbrücken von längeren Hungerzeiten um-

gestiegen. Der ganze Organismus legt einen Spargang ein: Der Stoffwechsel sinkt ab, der Energieverbrauch wird geringer, der Körper mobilisiert seine Energiereserven in Form von Fett und Eiweiß. Glucose wird nur sehr sparsam an den Körper ausgegeben. Auch das Gehirn ernährt sich nicht mehr vollständig von Glucose, sondern bis zu 50 Prozent von sogenannten Ketonkörpern, wasserlöslichen Derivaten der Fettsäuren, die beim Fettabbau entstehen. Auch die Nachrichtenübermittlung im Gehirn verändert sich, vermutlich infolge von Veränderungen des Noradrenalinspiegels, und es treten keine nagenden Hungergefühle mehr auf. Das Gehirn funktioniert aber dennoch eine gewisse Zeit normal.

Schädliche Nahrungsmittelinhaltsstoffe

Beim Wort Allergie denken Sie wahrscheinlich an Juckreiz oder eine Hautrötung nach dem Genuß von frischen Erdbeeren. Es gibt aber noch andere Formen von Allergien und weniger bekannte Lebensmittelunverträglichkeiten, die oft heimtückischer, weil im allgemeinen schwer zu diagnostizieren sind.

Lebensmittelunverträglichkeiten

Lebensmittelunverträglichkeiten können sich durch eine Vielzahl verschiedenster Symptome bemerkbar machen, und auch die folgende Liste ist alles andere als vollständig: Magenschmerzen, Durchfall, Schwindelanfälle, Kopfschmerzen oder Migräne, Muskelkrämpfe, Narkolexie (plötzliche überwältigende Schläfrigkeit am Tage), Neigung zu Ödemen, Angstgefühle und Depressionen, akute Verwirrungszustände, Verhaltensänderungen, Halluzinationen, Augenränder (»Ringe unter den Augen«), verdickte Augenlider, tränende oder gerötete Augen, übermäßige oder veränderte Sekretionen aus der Nase, rote Flecken vor allem im Gesicht, schwache Stimme, Schweißausbrüche, Stimmungsschwankungen.

Einige dieser Symptome sind dem Anschein nach rein »körperlicher« Art, bei anderen ist der Zusammenhang mit der Hirntätigkeit offensichtlicher. Nur allzuoft werden Personen mit plötzlich auftauchenden starken Eigentümlichkeiten im Verhalten in die Psychiatrie eingeliefert, und nicht immer gelangt man kurzfristig zu einer befriedigenden Diagnose. Seit den 50er Jahren sind vor allem in Amerika etliche Untersuchungen veröffentlicht worden, die zum Teil dramatische Fälle von Lebensmittelunverträglichkeiten aufzeigten: So wird häufig der Industriezucker als Auslöser genannt und auch das heute so verbreitete Fastfood, das bei einigen Personen sogar zu

relativer Unterernährung und Mangelerscheinungen führte. Die Therapie sieht im allgemeinen Nahrungsmittelergänzungen in Form von Vitaminen vor, insbesondere mit Niacin, das bei schizophrenen und neurotischen Patienten eine antiallergische und durchblutungsfördernde Wirkung im Gehirn gezeigt hat.

Es gibt zwar Stoffe, die häufiger Allergien oder Unverträglichkeiten auslösen als andere, aber im Prinzip kann jedes Nahrungsmittel, auch das »unschuldigste« und alltäglichste, plötzlich eine Überreaktion des Organismus hervorrufen. Gerade der eintönige und jahrelange Konsum, tagaus, tagein, derselben Grundnahrungsmittel wie Milchprodukte oder Weizen, kann zu Problemen führen. Und auch ein großes Verlangen nach bestimmten Speisen kann uns einen üblen Streich spielen: Häufig steckt eine Art Drogenwirkung dahinter. Sobald das Verlangen befriedigt wird, fühlen wir uns wunderbar, aber schon bald geht es mit der Stimmung bergab und wir brauchen mehr davon.

Wie kann man unverträgliche Substanzen erkennen?

Heute gibt es verschiedene Tests, über die mit ausreichender Sicherheit festgestellt werden kann, auf welche Stoffe der Organismus abnorm reagiert: vom kinesiologischen Muskeltest (computergesteuerte Kontrolle der Muskelreaktion), Ausschlußtests (Weglassen bestimmter Nahrungsmittel), über Pulstest (Messen der Pulsreaktion auf eine Substanz) und RAST (engl. *Radio-Allergo-Sorban-Test,* radiologische Absorptionsuntersuchung) bis zum cytotoxischen Test (Untersuchung von Zellproben).

Wer keine spezifischen Untersuchungen durchführen lassen kann oder will, hat auch andere Möglichkeiten, um zu einem Ergebnis zu kommen. Die folgenden Methoden sind verhältnismäßig einfach durchzuführen und auch recht zuverlässig, allerdings etwas langwierig.

Ernährungstagebuch

Jede zugeführte Speise wird möglichst genau, mit Datum und Uhrzeit, in ein Heft eingetragen. In einer zweiten Spalte werden sämtliche auftretenden Symptome verzeichnet. Manche stellen sich auch erst nach einigen Stunden (bis zu 48) ein, aber man kann auch ihnen leicht auf die Spur kommen, wenn sie regelmäßig nach dem Verzehr bestimmter Speisen auftreten.

Rotationsdiät

Jeder Nahrungsmitteltyp darf nur einmal innerhalb von fünf Tagen gegessen werden, um dem Organismus Zeit zu lassen, die individuelle kritische Wirkung zu überwin-

den. Dazu muß man natürlich wissen, welchen botanischen Familien beispielsweise die verschiedenen Gemüse-, Obst- und Gewürzsorten zufallen, denn meist bezieht sich die Unverträglichkeit auf eine ganze Familie. Auf den ersten Blick erscheint das Verfahren kompliziert, aber nach einer kurzen Lehrzeit gewöhnt man sich schnell daran. Es erleichtert die Sache allerdings, wenn man die Mahlzeiten zu Hause zu sich nehmen kann.

Zusätze und Rückstände

Auch in kleinen oder kleinsten Mengen aufgenommene Substanzen können auf das Gehirn und das Nervensystem Einfluß nehmen, wie die Vitamine und besonders die Spurenelemente es im guten Sinne tun. Rückstände wie Schwermetalle oder Zusätze wie Geschmacksverstärker, also Stoffe, die eigentlich nicht in unsere Nahrung gehören und keine Nährstoffe sind, können aber auch eine toxische Wirkung, zum Teil individuell sehr verschieden, haben. Lebensmittelzusätze können zwar auch Nährstoffe sein (wie Lecithin als Emulgator), sind aber oft synthetisch hergestellte Substanzen, die unser Körper nicht »erkennt« und verarbeitet und die so leicht zu Unverträglichkeit führen.

Tabellen mit tolerierbaren Mengenangaben sind wahrscheinlich trügerisch: Niemand weiß bisher genau, wie die vielen Zusatzstoffe wirken, wenn sie gleichzeitig (wie das meist der Fall ist) dem Organismus zugeführt werden. Vor allem die Langzeitwirkung ist noch weitgehend unbekannt. In jedem Fall ist es ratsam, beim Einkauf aufmerksam die Liste der Inhaltsstoffe zu studieren. Zusatzstoffe sind mit dem Buchstaben E und einer nachfolgenden Zahl angegeben. Produkte mit einer großen Zahl solcher Abkürzungen lassen Sie besser im Regal liegen.

Die Typen der Lebensmittelzusätze:

- **E 100er: Farbstoffe**
Nicht alle sind toxisch, aber im Grunde ist keiner davon notwendig, sondern dient eher der Sinnestäuschung.
- **E 200er: Konservierungsstoffe**
Bei bestimmten Produkten unerläßlich, aber: Frische Nahrungsmittel sind immer besser!
- **E 300er: Antioxidanzien**
Einige sind unbedenklich, andere weniger oder können sich mit der Zeit sogar in toxische Stoffe verwandeln. Wie die Konservierungsmittel sind sie überflüssig, wenn Sie frische Produkte kaufen.
- **E 400er: Emulgatoren**
Bei den Nummern E 400 bis E 440 können Sie beruhigt sein. Darüber, bei 450 und 460 bis 466, ist eher Vorsicht geboten. E 450, Kaliumpolyphosphat, kann wie alle Polyphosphate einige Enzyme blockieren und s o zum Beispiel negativ auf den Calciumstoffwechsel einwirken, was insbesondere bei Kindern schwere Folgen haben kann. E 460 bis 466 werden aus Cellulose gewonnen und unter anderem als Ballaststoffe eingesetzt, die allerdings auch Verdauungsprobleme verursachen können.

Das »China-Syndrom«
Besondere Vorsicht ist bei Monoglutamat (im handelsüblichen »Brühwürfel« und vielen Fertigprodukten) geboten (siehe Seite 68), von dem wir vermutlich alle schon eine ordentliche Menge in unserem Körper angesammelt haben. Inzwischen halten es viele Wissenschaftler sogar für ein schnell wirkendes Neurotoxin (Nervengift). Wer nach einem Besuch im Chinarestaurant über Schweißausbrüche, Kopfschmerzen, ungewöhnliche Schläfrigkeit, Juckreiz oder Verstimmungen klagt, der leidet womöglich an einer Überdosis Monoglutamat, das in solchen Restaurants vielfach und in großen Mengen Verwendung findet.

Bio ist besser
Aller Umweltverschmutzung aus dem Wege zu gehen, ist sicherlich nahezu unmöglich. Aber Produkte aus biologischem Anbau sind in jedem Fall weniger mit Schadstoffen belastet und enthalten viel weniger oder keine Rückstände von den in der konventionellen Landwirtschaft verwendeten toxischen Stoffen aus Kunstdüngern und Pflanzenschutzmitteln.

Wechselwirkungen mit Arzneimitteln

Wer Schlafmittel benutzt, die zum Beispiel Barbiturate enthalten, weiß normalerweise, daß er nicht gleichzeitig Alkohol trinken darf. Aber die zahlreichen Wechselwirkungen zwischen Arzneimitteln und alltäglichen Nahrungsmitteln sind vielen Menschen und sogar manchen Ärzten immer noch zu wenig bekannt.

Viele Mittel gegen Depressionen, Antibiotika und Zytostatika haben ein »schlechtes Verhältnis« zu einigen Nahrungsmitteln wie Innereien (Leber, Nieren, Hirn), Schimmelkäse, Joghurt, Fisch in Salzlake und Getränken wie Bier oder Wein: Sie können zu plötzlichen Blutdruckveränderungen, zu Herzrhythmusstörungen und Übelkeit führen. Dagegen werden einige andere Medikamente besser mit den Mahlzeiten eingenommen wie Antimykotika, blutdrucksenkende, schmerzstillende und krampflösende Mittel und auch Vitamine. Die Aufnahme von Aspirin, Sulfonamiden, Diuretika und Beruhigungsmitteln wird jedoch meist verzögert, wenn sie zu den Mahlzeiten eingenommen werden.

Einige Arzneimittel haben unerwünschte Nebenwirkungen, sie können beispielsweise den Blutzuckerspiegel senken, was insbesondere bei gleichzeitigem Konsum von Alkohol oder manchen Nahrungsmitteln kritisch werden kann. Wer zum Beispiel antidepressive Mittel einnimmt, sollte folgende Nahrungsmittel meiden, einschränken oder zumindest genau kontrolliert

einnehmen: Milch, Samen, Nüsse (auch Kokos, Mandeln usw.). Auch die Wechselwirkungen mit manchen Getreidesorten (Mais ist weniger »kritisch«) und Hülsenfrüchten sollte beobachtet werden. In jedem Fall sollten Sie Ihren Arzt nach der Verträglichkeit der jeweiligen Medikamente fragen!

Essen für besondere Anlässe

Auf Reisen

Weg von zu Hause und vor allem in einem fremden Land macht es meist Spaß, neue Speisen auszuprobieren. Um allzu großen Überraschungen vorzubeugen, lesen Sie vielleicht vorher einen Reiseführer. Und vor Ort dürfen Sie auch ruhig fragen, wie sich Ihr Gericht denn zusammensetzt. In der Regel antwortet man interessierten Gästen gern.

Hüten Sie sich vor Lebensmittelvergiftungen!
In Ländern mit einem sonnigen Klima, wo womöglich die Hygiene nicht immer gewährleistet ist, lauert die Gefahr von Lebensmittelvergiftungen. Ganz alltägliche Lebensmittel können von bestimmten Mikroorganismen »bewohnt« werden, die Giftstoffe produzieren und Krankheiten auslösen. Die Folgen können von leichter Übelkeit, Erbrechen oder Durchfall, heftigen Kopfschmerzen reichen, bis hin zu den Beschwerden in schwerer Form, kombiniert mit Schwäche, Fieber, Krämpfen und Lähmungen.

Gut bekannt sind die Wirkungen auf das Nervensystem durch das Bakteriengift von *Clostridium botulinum*: Der sogenannte Botulismus kann durch unsachgemäße Zubereitung von in Öl eingelegten Speisen oder durch verdorbene Ware in beschädigten Konserven (aufgeblähte Dose, Inhalt milchig oder trüb, Geruch nach saurem Porree) hervorgerufen werden. Die Symptome sind unter anderem Kopf- und Magenschmerzen, Übelkeit, Atemstörungen, Trokkenheit der Schleimhäute und Muskellähmung.

Heftige Kopfschmerzen mit manchmal hohem Fieber, Erbrechen und Durchfall gehören zu typischen Symptomen von Salmonellose, hervorgerufen durch bakteriell (mit *Salmonella typhosa*) verseuchte Lebensmittel. Die sogenannte Enteritis führt insbesondere zu Appetitlosigkeit und Niedergeschlagenheit. *Escherichia coli* sind eigentlich harmlose Darmbakterien, die aber eine Verunreinigung mit fäkalen Keimen anzeigen, wenn sie in ungarem Fleisch oder bestimmten Käsesorten zu finden sind. Die Symptome können dann Migräne und Abgeschlagenheit sein.

Touristen sind besonders gefährdet, weil ihr Immunsystem durch das fremde Milieu ohnehin stark beschäftigt und im Ernstfall möglicherweise überfordert ist. Vermeiden Sie daher:

- Speisen aus offenen Verkaufsbuden oder von »fliegenden« Händlern;
- Leitungswasser, statt dessen auch zum Zähneputzen besser Mineralwasser verwenden;
- rohe Nahrungsmittel, gleich welcher Art (auch Salat);
- komplizierte Gerichte, vor allem solche mit Mayonnaise usw.

Essen Sie nur Obst, das geschält werden kann. Waschen Sie sich oft die Hände und führen Sie stets Hygienepapier bei sich. Lassen Sie sich vor der Abreise vom Arzt beraten, welche Arzneimittel Sie am besten mitnehmen. Eine Lebensmittelvergiftung auf Reisen, vor allem, wenn nicht sofoert eingegriffen wird, kann manchmal die körperliche und geistige Leistungsfähigkeit auf Monate hinaus beeinträchtigen.

Vor der Prüfung

Schon vom ersten Schultag an sollte der Ernährung unserer kleinen Genies besondere Beachtung geschenkt werden, damit sie nicht allzu schlapp sind, wenn Prüfungen vor der Tür stehen:

- Nie das Frühstück auslassen, auch wenn es noch so eilig ist; notfalls eine Müslistange auf dem Weg zur Schule essen.
- Für die Pause: Obst, eventuell Obstsaft; Butterbrot mit Käse oder Rührei; Mandeln und Nüsse, Studentenfutter (Nüsse und Rosinen), ein Stück Trockenkuchen oder Rosinenbrot.
- Wenn das Kind in der Schule ißt, das Abendessen dazu ausgleichend gestalten.
- Nachmittags als Imbiß oder Vesperbrot: Brot, Butter und Honig oder Brot und Käse oder auch möglichst nicht gesüßten Obstkuchen.
- Abends in jedem Fall eine nahrhafte Mahlzeit, so natürlich wie möglich und nicht zu spät.

Rechtzeitig vorbereiten

Bemerken Sie Anzeichen von Schulmüdigkeit? Überprüfen Sie zunächst, ob Ihr Sprößling genügend schläft und ob er richtig ißt. Falls diese Grundregeln nicht ausreichen, fragen Sie Ihren Hausarzt und besorgen Sie eventuell eine Nahrungsmittelergänzung. Sie können, auch im Wechsel, Nährhefe, Blütenpollen, Lecithin, Lebertran (oder anderes Fischöl) verwenden.

Kurz vor den Prüfungen wird die Anstrengung und womöglich auch die Aufregung größer. Dann empfehlen sich zusätzlich Gelée Royale, Ginseng, Borretsch- oder Nachtkerzenöl.

Die Zeit vor der Prüfung ist übrigens eine ausgezeichnete Gelegenheit, um dem Nachwuchs klarzumachen, daß das Gehirn bei unzulänglicher Ernährung als erstes in Mitleidenschaft gezogen wird. Womöglich gewinnt man das Kind für eine Probezeit mit natürlichen Lebensmitteln, aber am besten macht natürlich die ganze Familie mit.

Aber nicht improvisieren

Wenn es darauf ankommt, sollte man aber nicht improvisieren. Ganz gleich wie wohlerprobt auch ein Rezept oder ein Stoff für andere sein mag, testen Sie es immer vorher selbst mehrmals aus und nicht erst am Prüfungstag. Am Prüfungstag selbst sollten die Kinder nicht anders essen als sonst. Das Gehirn speichert nämlich »global«: Die Erinnerung an das Studienpensum ist häufig eng mit anderen Einzelheiten verbunden, die gleichzeitig stattfanden. Es stimmt zwar: »Voller Bauch studiert nicht gern«, aber wer gewohnheitsmäßig mit vollem Bauch studiert haben sollte, der geht am besten auch mit vollem Bauch in die Prüfung. Und wer bei nächtlichem Studium alle Joghurtbecher des Kühlschranks geleert hat, der sollte auch am Morgen vor der Prüfung eine gute Portion Joghurt zu sich nehmen. Und auch anregende Getränke wie Tee oder Kaffee sollten vor dem großen Termin nur genossen werden, wenn man sie kennt.

Wie das Gehirn jung bleibt

Bei unseren komplexen Stoffwechselprozessen entstehen leider nicht nur die lebensnotwendigen Moleküle, sondern auch Abfallprodukte, zum Beispiel freie Radikale, die besonders aggressiv für die chemischen Verbindungen überall in unserem Körper sind. Unsere Gewebe können dabei schwer beschädigt werden, denn die freien Radikale greifen mit Vorliebe die Lipide der Zellmembranen an. Solange die freien Radikale rechtzeitig von Antioxidanzien und Enzymen »entsorgt« werden, ist alles in Ordnung. Wenn aber unser Verteidigungssystem nicht mehr einwandfrei funktioniert, treten Alterungserscheinungen ein. Das Gehirn und seine Funktionen werden dabei mit als erste in Mitleidenschaft gezogen.

Die Bildung von freien Radikalen ist zwar die Folge von durchaus normalen physiologischen Vorgängen. Wir können aber vermeiden, das Gefahrenpotential zu erhöhen, indem wir zusätzlich Radikale zu uns nehmen oder ihre Produktion ankurbeln. Eine geeignete Ernährung und Nahrungsmittelergänzungen, die antioxidativ wirken, helfen dabei. Um das Gehirn vor den Schäden der freien Radikale zu schützen, meiden Sie:

- ranzige Fette (die Luft, Licht oder Wärmequellen ausgesetzt waren oder einfach zu lange gelagert wurden);

- hochgradig erhitzte Fette (beim Fritieren);
- oxidierte Speisen: Alles, was dem Luftsauerstoff zu lange ausgesetzt wird, reagiert wie Eisen, das rostet: Äpfel zum Beispiel werden braun. Aber auch in allen anderen Speisen finden Veränderungen statt. Verpacken und verschließen Sie deshalb alle Nahrungsmittel sorgfältig und sofort nach Gebrauch.
- Vermeiden Sie nach Möglichkeit zusätzlich Lebensmittelrückstände und stark belastete Luft.

Verwenden Sie dagegen:

- Sesamsamen und unbehandeltes Sesamöl; Sonnenblumenkerne und Sonnenblumenöl; Olivenöl;
- Knoblauch und Zwiebeln, Paprika, Rosmarin, Möhren, Avocado, Kohl, Vollkorngetreide, insbesondere Keimlinge;
- Joghurt, Buttermilch, Sauermilch;
- Honig, Melasse;
- Heidelbeeren, Aprikosen;
- Meeresalgen;
- Ginseng.

Antioxidativ wirkende Vitamine sind vor allem die Typen A, C, E sowie B_1, B_2, B_6 und B_{12}; die wichtigsten spezifischen Mineralstoffe sind vor allem Selen und Zink.

Vierter Teil: Rezepte und Menüvorschläge

Konzentration ist gefragt

Ideal ist ein Getreidegericht mit Milch und eventuell mit Nüssen (z. B. Milchreis mit Mandeln oder Haselnüssen) oder auch ein Nudelgericht mit Nußsauce:

Nußsauce

(für vier Personen)

20 Walnüsse, geschält
1 altbackenes Brötchen, in Milch eingeweicht und gut ausgedrückt
1/2 Knoblauchzehe, feingehackt
Salz, Pfeffer,
1 Handvoll Weichkäse oder Quark
2–3 EL geriebenen Parmesankäse
4 EL Olivenöl
1 Messerspitze Majoran

Alle Zutaten im Mixer grob pürieren. Käse und Öl zum Schluß zugeben, vorsichtig erwärmen.

Nudeln mit Böhnchen und Pesto

(für vier Personen)

250 g Hartweizennudeln
2 mittelgroße Kartoffeln
150 g grüne Böhnchen
4 EL Olivenöl

Pesto:

2 Handvoll frische Basilikumblätter
1 Knoblauchzehe
2 EL Olivenöl
1 EL Pinienkerne
2 EL geriebenen Parmesan oder Schafskäse

Basilikum putzen, waschen und gut abtupfen, damit kein Wasser daran haften bleibt. Mit den anderen Zutaten für das Pesto im Mörser zerstoßen oder notfalls im Mixer pürieren, was aber nicht so fein im Geschmack ist. Die Böhnchen putzen und waschen, die Kartoffeln schälen und mit den Nudeln zusammen in reichlich Salzwasser weichkochen. Abschütten, Kartoffeln rasch mit einer Gabel zerdrücken und mit den Nudeln und dem Pesto vermischen. Eventuell noch etwas Olivenöl dazugeben.

Das Basilikum im Pesto ist gerade das Richtige für Ihr Gedächtnis.

Lachstorte

(für vier Personen)

Tortenboden:
140 g Mehl
100 g Butter
1 Ei, Salz
eine Prise Muskatnuß

Belag:
250 g frischer Lachs
120 g Milch
eventuell
3 EL geriebenen Parmesankäse (eventuell)
1 EL Brandy
$1/2$ TL Kräutersalz
50 g Butter
20 g Maizena
1 EL Worcestersauce
Öl, Salz, Pfeffer.

Mehl auf den Tisch oder in eine große Schüssel geben, eine Delle formen, ein Eigelb, 80 g Butter in Stückchen, etwas Salz und Muskatnuß hineingeben. Kneten und aus dem Teig einen Ball formen, der $1/2$ Stunde in ein Tuch eingewickelt »in Ruhe« gelassen wird.
Den Lachs waschen, abtrocknen, mit Pfeffer und Salz oder mit Kräutersalz bestreuen und unter dem Grill oder in der Pfanne garen. Die Haut abziehen und die Gräten entfernen, dann fein hacken. In einem Topf 50 g Butter zerlassen, den Topf vom Feuer nehmen und Maizena darin verrühren, langsam die warme Milch zugeben und abschmecken. Bei kleiner Hitze unter Rühren die Sauce andicken lassen, dann Lachs, Brandy, Worcestersauce und eventuell Käse dazugeben.
Den Teig für den Boden teilen und ausrollen: Den etwas größeren Teil in eine gefettete Backform legen und den Belag darauf verteilen. Den restlichen Teig auflegen und fest an den Rändern andrücken. Mit Eischnee bestreichen und bei 180 Grad Celsius 30 Minuten backen.
Lauwarm servieren.

Wer ist hier der Chef?

Das haben wir ja schon immer geahnt: Starker Fleischkonsum macht erwiesenermaßen aggressiv. Die Chefs von heute wollen aber weniger angriffslustig als fit sein. Das Tyrosin, das den dominierenden Charakter unterstreicht, ist reichlich im tierischen Eiweiß enthalten, kommt aber auch in Hülsenfrüchten und Nüssen vor. Die Versuchung, vor allem auf Tyrosin ausgerichtete Mahlzeiten zu verzehren, ist zwar groß, aber auf die Dauer nicht gesund: Stets ausgleichen mit Kohlenhydratmahlzeiten und mit viel Salat und Gemüse!

Kalbsleber à la Venedig

(für vier Personen)

300 g Kalbsleber
600 g frische Zwiebeln (am besten gemischt weiß und rot)
1 EL Öl
Kräutersalz
1 Glas Wein

Die Zwiebeln schälen und in feine Scheiben schneiden, dann in Ringe zerteilen.
Öl erhitzen, Zwiebeln leicht anrösten, aber nicht braun werden lassen. Das Kräutersalz und etwas Wein zugeben und alles zugedeckt garen lassen.

Ab und zu umrühren: Die Zwiebeln dürfen nicht wäßrig werden, aber auch nicht anbrennen. Sobald die Zwiebeln weich sind, beiseite stellen und warm halten. Eine Pfanne kräftig erhitzen und die in feine Streifen geschnittene Leber anbraten. Mit etwas Wein ablöschen, ein paar Minuten zugedeckt weiterdünsten lassen, dann abschmecken. Die Zwiebeln dazugeben und servieren.

Großartig der Chromgehalt in der Leber und das Selen in den Zwiebeln! Der Geschmack des Gerichtes stimmt eher versöhnlich…

Hühnerkasserolle

(für vier bis sechs Personen)

1 Huhn
4 Möhren
2 Stangen Sellerie (oder ein Stück Knollensellerie)
1 große Zwiebel
5 große Kartoffeln
nach Belieben weitere Gemüse, z. B. Kürbis, Kohlrabi, Tomaten usw.
Salz, Gewürzkräuter nach Geschmack, vor allem Rosmarin und Ingwer.

Das gesäuberte und gewaschene Huhn mit dem geputzten, gewaschenen und klein (am besten in Scheiben) geschnittenen Gemüse in einer großen Kasserolle aufsetzen. Nur soviel Wasser zugeben, daß die Zutaten nicht ansetzen. Bedeckt garen und gegen Ende der Kochzeit (etwa 40 Minuten) reichlich frische oder trockene Kräuter zufügen und mit Salz und frisch gemahlenem Pfeffer abschmecken.

Dies ist ein vollständiges Gericht, das mit frischem Salat noch abgerundet werden kann.

Grüne Bananen, überbacken

Pro Person je eine unreife Banane, einen Eßlöffel Honig oder Melasse und eine Scheibe Gouda.

Die Banane schälen, halbieren und grillen oder braten. Mit Honig oder Melasse bestreichen, Käse darüberlegen und kurz überbacken. Heiß servieren.

Nach dem Essen probieren Sie statt Kaffee vielleicht einmal Tee oder Kakao: Beide wirken ebenfalls anregend, aber weniger aufregend.

Vor dem Zahnarzt und der Prüfung

Bei Zahnschmerzen bis zur Behandlung ein Stückchen Gewürznelke (oder eventuell eine halbe Knoblauchzehe) an den schmerzenden Zahn legen.

Kopfsalat mit Kräutersauce

1 großer Kopfsalat
2 EL kaltgepreßtes Öl
Salz, Melisse, Dill, Majoran, Mohnsamen, Minze, Anissamen.

Kräutersauce vorbereiten. Salatblätter waschen und gut trocknen (schleudern), mit der Hand zerpflücken und unter die Sauce mischen.

Maisschnitten mit Käsesauce und Broccoli

(für vier Personen)

Maisschnitten:

3/4 l Wasser
2 TL Salz
ca. 250 g Maismehl
1/2–1 Tasse Milch

Wasser zum Kochen bringen und Salz zufügen. Mit einem hölzernen Kochlöffel in der

Hand das Maismehl in das Salzwasser »regnen« lassen und allmählich, aber gleichmäßig unterrrühren. Bei kleiner Hitze kochen lassen und dabei oft umrühren. Einige Sorten Maismehl brauchen 45–50 Minuten, schnellkochende sind aber schon nach 8–10 Minuten gar. Je nach Geschmack gegen Ende der Kochzeit eventuell etwas Milch einrühren.
In eine rechteckige (Kuchen-) Form gießen und erkalten lassen. Mit einem scharfen Messer in Scheiben schneiden: Dicke Scheiben ergeben weiche Schnitten, dünne Scheiben eher knusprige Schnitten. Auf ein leicht gefettetes Backbleck legen und unter dem Grill von beiden Seiten hellbraun backen. Warm servieren.

Käsesauce

150–200 g nicht zu harten Käse nach Belieben
30–50 g Butter, Sahne oder Crème fraîche

Käse würfeln und bei ganz kleiner Hitze unter ständigem Rühren in einem kleinen Topf schmelzen lassen, bis eine glatte Sauce entstanden ist. Butter, Sahne oder Crème fraîche unterrühren und warm servieren (eventuell auf einem Rechaud warmhalten).

Broccoli

1 kg Broccoli
2 Knoblauchzehen, kleingehackt
1 TL Vollmeersalz
1 EL Öl

Broccoli putzen, dabei den harten Teil der Stiele und eventuell große und harte Blätter entfernen. Mehrfach waschen, nach dem letzten Waschen aber nicht abtropfen lassen, sondern mit dem Wasser, das am Gemüse haftet, in einen Dampfkochtopf legen. Die restlichen Zutaten dazugeben, den Topf verschließen und etwa 12–20 Minuten dämpfen. Erst bei Tisch in Rosetten zerschneiden und eventuell noch Öl hinzufügen.

Wenn Heißhungerattacken die Linie gefährden

Nach dem Aufwachen zunächst einmal ein bis zwei Glas Wasser trinken, das beschäftigt die Verdauung. Zum Frühstück gibt es am besten Vollkornmüsli, möglichst mit Frischkorn oder Keimlingen. Zwischendurch darf man sich ruhig einen rohen Apfel, eine rohe Möhre oder Selleriestange genehmigen.
Eine halbe Stunde vor dem Mittagessen beruhigt ein kleiner Aperitif in Form von frisch gepreßtem Obst- oder Gemüsesaft oder eine Tasse heiße Brühe mit frischen Kräutern und Tamari den knurrenden Magen. Eine große Rohkostplatte zum Mittagessen mit einem Nachtisch in Form einer Joghurtspeise machen lange satt. Nachmittags sollte man zwischendurch besser auch zu rohem Obst oder Gemüse greifen. Das Abendessen kann aus Salat oder frischem Obst als Entree und einer leckeren Gemüsecreme bestehen. Arm an Kalorien und reich an Ballaststoffen ist also die Devise. Gerade Hülsenfrüchte und Rohkost sorgen durch den hohen Anteil von Ballaststoffen besonders wirksam und lange andauernd für ein angenehmes Sättigungsgefühl.

Frischkornmüsli

2 EL Weizen, Roggen oder anderes Getreide

Abends waschen, über Nacht stehen lassen und morgens flockieren
oder: Getreide grob schroten, mindestens zwei Stunden oder über Nacht mit 2 EL Wasser einweichen
oder: Getreide keimen lassen (4–6 Tage lang täglich abspülen, abtropfen lassen und an warmem schattigem Ort aufbewahren).
Mit Milch, Rosinen, Mandeln und einem Apfel anrichten und gleich verzehren.
Und immer daran denken: Langsam essen, gut kauen!

Joghurtspeise

1/4 l Joghurt (ohne Konservierungsstoffe)
1–2 Früchte oder
4–6 EL reife Beerenfrüchte, je nach Jahreszeit
3–4 EL Sonnenblumen- oder Kürbiskerne (frisch, ungesalzen)

Die Zutaten je nach Geschmack, Lust und Laune vermischen und genießen.

Gemüsecreme

Hülsenfrüchte nach Belieben und Geschmack.

Frische oder getrocknete und eingeweichte oder eventuell tiefgefrorene Hülsenfrüchte behalten den Nährwert besser und wirken günstiger auf die Insulinausschüttung als Dosenware. Die unangenehme Gasentwicklung im Darm können Sie vermeiden, indem Sie das Einweichwasser mehrmals wechseln und/oder die Hülsenfrüchte nach dem Kochen pürieren. Besonders gut schmeckt eine Mischung (für 3 bis 4 Personen) aus:

3 EL Kichererbsen
3 EL Linsen
3 EL Saubohnen
Suppengemüse (Sellerie, Möhre, Petersilie und verschiedene Gewürzkräuter, eventuell eine Tomate)
2–3 Scheiben altbackenes Brot

Die Hülsenfrüchte über Nacht einweichen (nicht nötig bei sehr kleinen Linsen) und in kaltem Wasser aufsetzen. Kurz vor Ende der Garzeit das kleingehackte Suppengemüse zugeben und erst dann mit Salz abschmecken.
Das Brot würfeln und ohne Fett leicht anrösten. Gemüse pürieren, in die Teller gießen, je einen Eßlöffel Olivenöl und die gerösteten Brotwürfel darübergeben.

Wenn das Stimmungsbarometer fällt

Ingwertee

Wasser zum Kochen bringen und abstellen. Pro Tasse ein paar Späne frischen oder getrockneten Ingwer zugeben, fünf Minuten ziehen lassen und noch warm trinken.

Soja-Knoblauch-Brühe

Wasser heiß machen (muß nicht kochen) und pro Person zugeben:
1 EL Tamari (echte Sojasoße),
1 kleine feingehackte Knoblauchzehe;
Kräuterextrakt nach Belieben.

Nudeln mit Peperoncino

(für vier Personen)

300 g Hartweizennudeln
2 l Wasser
16 g Salz
1–2 Knoblauchzehen, fein gehackt
1/2 TL Peperoncinoschote (oder auch Paprika), gehackt oder in Pulverform
4–6 EL kaltgepreßtes Olivenöl

Wasser mit Salz zum Kochen bringen, Nudeln bißfest kochen und abgießen.
Derweil in einer vorgewärmten Schüssel Öl, Knoblauch und Peperoncino (in Stückchen oder

gemahlen) vermischen. Die abgegossenen Nudeln zugeben, erneut mischen und sofort servieren.

Krabben-Safran-Risotto
(für vier Personen)

250 g Vollkornreis
250 g tiefgekühlte Krabben ohne Schale
2 Messerspitzen echten Safran
3/4 l Wasser
1 TL Salz
4 EL Öl oder Butter

Reis in ein Sieb geben und unter fließendem Wasser abspülen, leicht ausschütteln und in den Dampfkocher geben. Bei kleiner Hitze und unter häufigem Rühren andarren (leicht rösten ohne zu bräunen). Derweil das Wasser mit dem Salz zum Kochen bringen und zugießen, umrühren und Topf gleich verschließen.
Krabben auftauen lassen und, falls roh, in kochendem Wasser 3–4 Minuten kochen.
Sobald der Reis bißfest ist, eventuell überschüssiges Wasser abgießen. Mit den Krabben, dem Safran und dem Öl oder der Butter vermischen und gleich servieren.

Flauten überbrücken

Flauten überkommen einen meistens im ungelegensten Moment: auf der Autobahn oder im Flugzeug oder während einer Konferenz. Stürzen Sie sich dann aber besser nicht auf das erste beste, das Ihnen (aus Automaten) serviert wird, sonst steht die nächste Flaute schon fast sicher vor der Tür (siehe Seite 23).
Wenn Sie in solchen Momenten gerne Süßes mögen, dann nehmen Sie sich von zu Hause ein paar Kleinigkeiten mit: Studentenfutter, (selbstgemachte) Müsliriegel oder Vollkornwaffeln. Wenn Sie eher für herzhafte Leckereien sind, halten Sie in der Tasche einen kleinen Gewürzstreuer bereit, aus dem Sie Ihre »Zauberkräuter« einfach direkt über das streuen, was Ihnen gerade serviert wird, auch wenn es Schaschlik oder Steak und Kartoffeln sind.

Studentenfutter

Falls Sie es nicht fertig im Handel finden, mischen Sie nach Belieben selbst:
je zur Hälfte ungeschwefeltes, klein geschnittenes Trockenobst wie Rosinen, Feigen, Datteln, Aprikosen, Apfelstücke usw. mit Nüssen oder Samen, wie Mandeln, Haselnüssen, Walnüssen, Sonnenblumenkernen usw. vermengen.

Verwenden Sie aber immer nur frische Ware, sie darf nie ranzig schmecken! Nüsse und Samen können Sie leicht anrösten, um sie haltbarer zu machen.

Müsliriegel

Das einfachste Rezept: Die Zutaten des obigen Studentenfutters zerkleinern und mit soviel Orangen- und/oder Zitronensaft verkneten, bis ein verhältnismäßig weicher, aber zäher Teig entsteht. Davon Riegel formen, einzeln in Butterbrotpapier verpacken und bis zum Verbrauch kühl lagern.
Sie können aber auch Getreide, am einfachsten Flocken, darunter mischen, um einen längeren »Brennstoffvorrat« anzulegen. Sie erhöhen dann einfach den Flüssigkeitsanteil zum Beispiel mit Milch. Noch kraftvoller sind Getreidekeimlinge, die auf Küchenkrepp etwas angetrocknet werden. Um die Masse weicher zu machen, hilft eine zerdrückte Banane, zum Verfestigen dienen Kokosraspel.

Vollkornwaffeln

4 EL Haferflocken
4 EL Mehl
1 EL Rosinen
2 EL Butter,
eventuell 1 Gläschen Rum
1 Eigelb
1 Tütchen Backpulver

Die Haferflocken im Mixer zerkleinern, Butter zugeben und vermengen. Die anderen Zutaten einzeln einmischen, die Rosinen allerdings erst zum Schluß und nur kurz mixen. Das Waffeleisen anheizen und die Waffeln wie üblich ausbacken.

Anregende Gewürzmischung

Geeignet sind gut getrocknete Kräuter wie Basilikum, Rosmarin, Salbei, Bohnenkraut, Kümmel, Zimt, Gewürznelke, Thymian, eventuell auch Minze und Melisse.

Fein mit der Hand zerreiben oder im Mixer mit etwas Salz vermischen, nach Belieben auch etwas Pfeffer. Eventuell nehmen Sie auch Guarana-Kautabletten oder Tabletten aus Süßwasseralgen (z. B. Spirulina) mit.

Ärger gehabt? Schnell vergessen!

Apfelschalentee

2–3 (unbehandelte!) Äpfel

Gut waschen, von braunen Stellen befreien und schälen. Die Schalen mit kaltem Wasser aufsetzen, zum Kochen bringen und bei kleiner Hitze zehn Minuten leicht durchkochen lassen. Abseihen und den Tee bei Bedarf mit Honig nachsüßen (was bei reifen Äpfeln normalerweise nicht notwendig ist).

Kohlsalat

1 festen Weißkohl oder
1 kleinen Wirsing
2–3 Möhren
1 TL Fenchelsamen
2 TL Kräutersalz
3–4 EL kaltgeschlagenes Öl
1 TL Apfelessig

Kohl putzen, waschen, trocknen und sehr fein hobeln. Möhren putzen, waschen und raffeln. Kräutersalz im Apfelessig auflösen, mit dem Öl und den (gehackten) Fenchelsamen vermischen und über das feingehackte Gemüse gießen.

Sojaschnitzel

(für vier Personen)

200 g grobgeschrotete (gelbe) Sojabohnen
2 Möhren,
1 Stange Sellerie oder ein Stück Knollensellerie
1 Zwiebel,
eventuell 1 Knoblauchzehe
Salz, Mehl nach Bedarf, Öl.

Das eventuell vorgeweichte Sojaschrot mit dem gleichen Volumen Wasser ansetzen und im Dampfkocher zusammen mit dem geputzten und klein geschnittenen Gemüse garen. Erst zum Schluß salzen.
Nach dem Garen gut abtropfen lassen und kurz pürieren.
Nochmals abschmecken.
Eventuell Knoblauch oder frische Petersilie zufügen.
Flache Klöpse formen, je nach Bedarf etwas Mehl zufügen und in Mehl wälzen. Dann in heißem Fett kräftig anbraten und auf kleiner Hitze noch ein wenig durchziehen lassen.

Ananasparfait

(für 4 Personen)

1/2 frische Ananas
1/8 l Joghurt
nach Geschmack Zucker, Pulverzucker und/oder Vanillezucker
2 EL Lieblingslikör

Die Ananas schälen, dabei mit einer Messerspitze dunkle Schalenstückchen entfernen. Den auslaufenden Saft auffangen. In Scheiben oder Würfel schneiden, in Glastellerchen legen und mit Likör und Saft übergießen. Den Joghurt süßen und damit die Ananasportionen dekorieren.

Geselligkeit? Tryptophan auf den Tisch!

Bunter Salatteller

Rohkost quer durch den Garten, je nach Jahreszeit.
Bevorzugen Sie grüne Salate (z. B. Kopfsalat, Feldsalat, Nüßlisalat), frischen Weißkohl oder Wirsing, Paprikaschoten, Tomaten. Würzen Sie mit Joghurt, kaltgepreßtem Olivenöl, Vollmeersalz, Thymian, Minze, Melisse, Kümmel, Fenchelsamen.

Gemüsepizza

(für vier Personen)

400 g Weizenmehl
100 g Sojamehl
20 g frische Backhefe
4 EL Olivenöl
1 TL Salz
2 EL Sojalecithin
ca. 1/3 l lauwarmes Wasser

Für den Belag:

1 Aubergine
2 Paprikaschoten
2–3 Zucchini
3–4 Tomaten (oder Tomatensauce)
eventuell Käse nach Geschmack, Öl, Kräutersalz.

Salz im Wasser auflösen und erwärmen. Weizen- und Sojamehl mit Lecithin vermischen und auf den Küchentisch oder in eine große Schüssel schütten. Oben eine Delle formen und darin die Hefe zerbröckeln. Etwas von dem lauwarmen Salzwasser zugeben und gut vermengen. Allmählich soviel Wasser zufügen, wie vom Teig bei kräftigem Kneten aufgenommen werden kann. Der Teig muß weich werden. Mehrfach den Teig auf ein bemehltes Brett oder einen Tisch schlagen, klopfen und wiederum kneten, bis er nicht mehr klebt und weich und elastisch wird.
Teig zu einem Ball formen, oben mit dem Messer kreuzweise einschneiden, um das Aufgehen zu beschleunigen. In einer zugedeckten Schüssel an einem warmen Ort aufbewahren.
In ungefähr zwei Stunden verdoppelt sich das Volumen, und der Teig ist bereit für die zweite Phase: wiederum kräftig auf das Brett schlagen und klopfen. Das Backblech leicht einfetten, mit den Händen den Teig darauf verteilen und bis zum Rand gut andrücken.

Für den Belag die Paprikaschoten, Auberginen und Zucchini waschen, putzen und in Streifen schneiden. Ungefähr zwei Stunden (während der Teig geht) in einer Mischung aus Olivenöl, Salz und Kräutern einlegen; ab und zu umwenden.
Den Pizzateig mit diesem Gemüse, mit frischen Tomatenstückchen (oder Tomatensauce, aber kein Ketchup!) belegen und mit Oregano bestreuen. Das Blech in den vorgeheizten Ofen schieben und bei ca. 120 Grad Celsius 20 bis 25 Minuten backen. Einige Minuten vor Ende der Backzeit je nach Belieben Käsestückchen oder -scheiben auflegen. Auf vorgewärmten Tellern servieren. (Möglichst Pizza mit Käse nicht mehr aufwärmen, weil die Proteine im Käse dann sehr schwer verdaulich werden.)

Vanille-Eis mit Feigen und Mandeln

Speiseeis nach Geschmack
1 Vanilleschote
5–6 getrocknete Feigen
2 EL Mandeln
1/2 Tasse Milch

Milch mit Vanilleschote aufkochen und ca. 20 Minuten ziehen lassen. Schote herausnehmen (kann getrocknet und wiederverwendet werden).
Die Feigen waschen, kleinschneiden und in der Milch ca. eine Stunde einweichen. Geschälte Mandeln in Späne schneiden. Speiseeis in Kelche oder Schälchen verteilen, Feigensauce ringsum gießen und die Mandelsplitter darüber streuen.

Leckereien für zärtliche Stunden zu zweit

Zum Auftakt ein Aperitif, der Stimmung aufkommen läßt:

2/3 Orangensaft (möglichst frisch gepreßt)
1/3 gekühlten Sekt
1 Gläschen Vermouth und/oder Maraschino.

Die Zutaten miteinander mischen. Mit Zimt und gemahlenem Koriander abschmecken, mit Minzeblättern verzieren.
Für müde Leute: etwas Ginsengpulver in den Aperitif mixen.
Ein Trick: 2 Eßlöffel Zucker mit 1 Messerspitze Vanillezucker und Zimt mischen und in eine Tasse gießen. Den Rand der Trinkgläser mit einer Zitronenscheibe von innen und außen befeuchten, dann die Gläser kurz in den Zucker tauchen. Der »frosted Look« ist sehr dekorativ und schmeckt gut!

Vorspeise: Sellerieschiffchen

Die »Schiffchen« bestehen aus einem ca. 15 cm langen Stück Stangensellerie, besonders hübsch, wenn noch ein paar

Blättchen daran stecken. Wenn das Eis noch gebrochen werden muß, wählt man am besten eine cremige Käsefüllung, herzhaft, aber nicht allzu scharf, also etwa eine Mischung aus einem zarten Hüttenkäse und einem reifen Gorgonzola. Wenn die Creme zu hart ist, etwas flüssige Sahne darunterheben. Mit Paprika, Muskatnuß, Bohnenkraut, Maggikraut, Koriander und Schnittlauch abschmecken.

Eine Füllung für erfahrenere Paare besteht aus:

200 g Krabben, Krebs- oder Hummerfleisch (Gewicht ohne Schale)
2–3 EL Mayonnaise
1/2 TL Tomatenmark
1 Messerspitze gemahlene Peperoncino
Kräutersalz

Das gekochte Fleisch der Schalentiere zerkleinern. Die Mayonnaise würzen und mit Tomate und Peperoncino zart rosa einfärben. Alle Zutaten mischen und mit Salatblättchen, Petersilie oder Streifen von Paprikaschoten verzieren.

Als Hauptgericht:
4–6 Austern pro Person

Am besten roh mit etwas Zitronensaft schlürfen oder aber in hauchdünne Scheibchen Räucherspeck einhüllen und etwa zwei Minuten im Ofen grillen. Brotscheibchen rösten und warm servieren (in eine Serviette wickeln).

Dazu Kräuterbutter oder Pfefferbutter:
Butter etwas weich werden lassen und mit frisch gemahlenem Pfeffer oder mit Korianderpulver und zerbröckeltem Bohnenkraut verrühren. Kühlen und »Löckchen« formen. Dazu reichlich gemischten Salat.

Schokosoufflé

(für zwei Personen)

15 g Butter
15 g Schokolade
15 g Zucker
1 großes Ei oder zwei kleine Eier
10 g geriebene Mandeln und
10 g geriebene Walnüsse

Die Schokolade zerschneiden und im Topf bei milder Hitze unter stetem Rühren schmelzen lassen. Mit der Butter und der Hälfte des Zuckers schaumig rühren; allmählich das Eigelb zugeben. Das Eiweiß mit dem restlichen Zucker vermengen und sehr steif schlagen. Ein wenig Schnee unter die Schokolademasse heben, die Mandel-Nuß-Mischung zufügen und den restlichen Schnee vorsichtig untermengen. Eine kleine ofenfeste Form mit Butter einfetten und mit Zucker ausstreuen, die Masse einfüllen und glattstreichen. Im Wasserbad garen: Ein größeres Gefäß zu 2/3 mit kaltem Wasser füllen und die Form hineinstellen. Sobald das Wasser zu kochen beginnt, die Hitze reduzieren und das Gefäß etwas abdecken. Die Nadelprobe sagt Ihnen, wann Ihr Soufflé gar ist. Sie können es warm oder gekühlt servieren.

Morpheus läßt bitten: Entspannen leichtgemacht

Kartoffelsalat mit Bier ist in diesem Fall immer das richtige. Es geht aber auch mal anders:

Wassermelonencocktail

200 g frische Wassermelone
1 Gläschen Vermouth
1 Gläschen Sekt
nach Belieben ein paar Tropfen Angostura oder ihren Lieblingslikör (z. B. Kirschlikör).

Das Fruchtfleisch der Melone von Schale und Samen befreien, im Mixer pürieren und mit den anderen Zutaten vermengen.

Kartoffel-Gemüse-Knödelchen

(für ca. vier Personen)

1 kg mehlige Kartoffeln
1 kg Brennesseln, Spinat o.ä.
3 Eier
Mehl, nach Bedarf
3 EL geriebenen Käse (z. B. Schafskäse)
eventuell 1 EL geröstete Sesamsamen, 1 TL Anissamen, gehackten Dill
3 EL Butter,
5 Salbeiblätter

Das Gemüse dämpfen, sehr gut ausdrücken und kleinschneiden. Die Kartoffeln mit der Schale kochen, pellen und pürieren. Dann Kartoffeln, Gemüse, Eier und Reibkäse vermischen, abschmecken und bei Bedarf Mehl einkneten.
Jeweils eine Handvoll Teig nehmen, unter den flachen Händen eine Rolle mit etwa 2 cm Durchmesser formen und mit einem angefeuchteten Messer davon 2–3 cm lange Stücke abschneiden. Wenn man die Masse über eine Gabel rollt und dabei leicht drückt, erhält man gleich eine hübsche Dekoration. Auf ein bemehltes Blech legen.
Das Salzwasser zum Kochen bringen, die Knödelchen vorsichtig hineingeben und mit dem Schaumlöffel herausheben, sobald sie wieder an die Oberfläche kommen und in einer vorgewärmten Schüssel sammeln.
Butter schmelzen lassen, ohne zu bräunen, und darin die gewaschenen und getrockneten Salbeiblätter ziehen lassen. Die warme Salbeibutter über die Knödelchen gießen und sofort servieren.

Sahnecreme

1/2 l frische Sahne
1 TL Alginat oder Gelatine
Honig oder Zucker nach Geschmack
1 Banane
1/2 Zitrone

Sahne mit dem Honig oder dem Zucker steif schlagen. Alginat oder Gelatine in wenig heißem Wasser auflösen und mit der Sahne vermischen.
In Förmchen gießen und zunächst bei Zimmertemperatur, dann im Kühlschrank erstarren lassen. Zum Schlemmen auf ein Tellerchen stürzen. Bananenscheibchen mit Zitronensaft beträufeln und dann die Cremeportionen damit dekorieren.

Register